저는 페이스북을 통해 알게 된 사람을 대면하는 것이 낯설고 어색할 줄 알았습니다. 그런데 이런 우려는 만나자마자 날아갔습니다. 황 작가의 자신감과 도전정신, 호기심 등이 오래전부터 알고 지낸 사람 같았습니다. 역시 청춘이었습니다. 1시간 동안 청춘, 사랑, 만남, 이별 등 대화를 하다 보니 20년 전으로 돌아가는 '호사'를 누렸습니다. 열정 있는 사람과 대화하는 것은 즐거움입니다.
_중앙일보 기자 고수석 님

당장에라도 만남이 가능한 거리에 저자가 있다는 것이 참 반가웠다. 그에게는 짙은 가난과 아픔을 지나온 사람만이 가질 수 있는 배려와 뜨거움이 있다.
_뉴스사천 기자 심애향 님

완전 공감해요. 제 고민이 왜 여기 적혀있는 거죠? 응원응원해요!!! ^_____^*
_CBS아나운서 김유정 님

나이는 나보다 어리지만 많은 생각과 지혜가 몸속 깊이 배어진 친구. 그런 친구가 항상 나를 응원해주니 마치 하나의 큰 보배를 얻은 기분이다. _전 카바디 국가대표 임우정 님

어제 오빠 책 읽다 새벽 4시 넘어서 잠든 사람 다녀갑니다. _뮤지컬가수 온새미 님

이렇게 공감이 잘 되는 글을 쓰는 사람이 얼마나 될까... 너가 내 친구라서가 아니라 존경한디 _이또갱 님

경험에서 나온 이야기인가요? 덕분에 제 연애사가 머릿속에서 영화처럼 스쳐갑니다. _이은솔 님

누군가 콕 찔러 이야기해주긴 처음이라 그런가? 생각이 뒤틀리는 복잡하면서 기분 좋은 밤이다. 그래 내 인생은 짧지 않다. 그러니까 아직 늦지 않았고 조급해할 이유도 없는 거겠지. 좋은 말씀 감사합니다. 또 한 번 깊게 느끼고 갑니다.
_이남현 님

역시 오빠 글은 너무 좋아요. 요즘 주변 몇몇에겐 오빠의 책을 읽어보고 너를 되돌아보며 타이르라고 해주고 싶어요. 하하하하하하 선배님 존경합니다. >_<
_yun hee 님

'끝은 한번만 내는 것' 진짜 좋은 말인 거 같아요ㅜㅜㅜㅜ _정다혜 님

오빤 어떻게 그렇게 항상 좋은 마음으로 사시죠?? 부러워요.. _김예진 님

지금 상황에 딱 맞는 말이네요.. 좋은 글 읽으니 마음이 따뜻해지네요. 감사합니다.
_김한별 님

곁에 있는 사람의 소중함이 더욱 느껴지네요. _김태균 님

시선이 어묵국물처럼 참 따뜻합니다. 손 안으로 온기가 전해집니다. 이 글을 마음으로 마시고 있습니다. 밑줄 긋고 싶어집니다. _정금수 님

영혼 담아 공감합니다. ㅎㅎ _김선영 님

살다보니 내가 살아가는 면 살고 싶은 면 살고자하는 면이 다 다르지만 나는 "나"인걸 어째.. 그렇기에 너의 삶을 존중하고 존경하는 1인!! _정현 님

마음을 늘 흔드는 너의 글들이다. _박성미 님

멋지다 가슴에 콱 박히네요. _이희민 님

기이했던 첫 만남을 뒤로 어느새 지인이 된 황진혁의 책이 집에 도착했다. 몇 장 넘기지도 않았는데 벌써 심장을 후벼 파는 명문장을 발견. 캬~ 하는 감탄사와 함께 몇 번을 곱씹어 읽어본다. 작가님 싸인 부탁해요~ 홍홍홍 _김창훈 님

삶에 초심을 잃게 되는 부분이 솔직히 많았습니다. 그러다 문득 선생님 책을 다시 보니 조금씩 공감들이 가네요. 감사합니다. _김태성 님

진짜 제가 평소 생각하던 게 소름끼칠 정도로 잘 쓰여져 있어서 놀랐네요.. 공유하고 싶다.. 백 번 천 번 공감하고 갑니다! 좋은 글 읽게 해주셔서 감사합니다 :)
_염지윤 님

저 완전 정독했어요. 최고인 듯! _손상희 님

좋은데요? 진혁님께 개인 연애상담 받고 싶다. :) _이지언 님

굳이 머리를 써서 이해하려고 노력하지 않아도 내 마음을 들켜버린 듯이 너무 공감되는 글귀들이 자연스럽게 내 마음을 콕콕 찔렀습니다.
_lsh15****@naver.com 님

연설

戀說

사랑이야기

연설

戀說 : 사랑이야기

황진혁 시집

연필의힘

프롤로그

어떻게 사랑할 것인가

작년 이맘때쯤, 나는 안과에서 눈을 수술했다. 전작 <청춘의 자화상>에서 고백했던 것처럼 10년 전의 사고로 잃었던 한쪽 시력을 다시 회복하기 위해서였다.

수술은 무사히 마쳤지만 눈을 다치면서 손상된 홍채의 기능은 다시 회복할 수가 없었다. 빛을 조절해가면서 받아들일 수 없다는 것이다. 시력도 예전처럼 1.5까지 회복되지 않았다. 하지만 수술로 회복이 가능한 범위까지는 완전히 회복된 지금 상태로나마 다행이다. 이 공간을 빌어 나는 괜찮다는 것을 말씀드린다.

오랜만에 좀 더 넓은 시야로 세상을 볼 수 있게 되어서인지 마음의 시야도 함께 넓어진 기분이 든다. 내 수술이 잘 끝날 수 있도록 기도해 주시고 응원해주신 많은 분들이 한꺼번에 보였다. 여행을 다닐 때도 그랬지만 그 같은 고마운 사람들을 볼 때, 새삼 세상이 아름답다는 사실을 실감한다.

내 주변의 아는 사람들은 잘 아는 이야기지만 학창시절 나는 어딘가 좀 문제가 많은 학생이었다. 물론 폭력서클 학생들처럼 '다른 사람들을 괴롭히는 문제아'는 아니지만 '내 자신을 괴롭히는 문제아'쯤 됐을까? 수업 땡땡이는 초등학교 3학년 때부터 일찌감치 마스터, 등교시간 상습 지각생, 가족들이 온 동네를 찾아다닐 때까지 PC방에 눌러앉아 있었던 게임중독자, 담임선생님 과목에 '0점짜리' 시험점수를 안긴 최하위권 성적표의 소유자. 그게 바로 황진혁이었다.

헌데 이처럼 온갖 '열등스펙'으로 똘똘 뭉친 나 같은 사람도 학교운동장 조회대에 올라가 '상'이라는 걸 받아본 적이 있다. 시를 써서 백일장에 참가해 입상할 수 있었기 때문이다. 그다지 규모가 큰 대회들은 아니었지만 나는 몇몇의 백일장에서 소기의 성과들을 거두곤 했었다. 노래에도 발라드나 힙합, R&B와 소울 이외에도 다양한 장르가 있듯이 글에도 시, 소설, 수필, 논설문 등 여러 장르가 상존하는데 글 실력도 변변찮은 내가 그래도 시라는 분야에 특별한 애착을 가지는 이유란 그렇다. 시로 인해 '나도 타인들에게 기쁨을 줄 수 있는 존재'임을 확인할 수 있어서.

한때엔 '무릇 사회로 나아가는 첫 발은 어떤 무엇이 되기에 앞서 시인이 되는 것'이라고까지 믿어왔다. 한 사람의 시 속에는 그 사람의 정서와 환경, 감정과 갈등, 과거와 현재, 소망과 비전 등을 엿볼 수 있지 않은가. 여러 시인들의 시를 읽으며 생각했다. '시인이라는 이름이 붙은 사람이라면 분명 이 사회를 지혜롭고 올바르게 살아갈 수 있다고 인정받은 거나 마찬가지야!'라고. 그런 빛나는 생각들을 가진 사람이야말로 어디를 가도 쓸모 있게 쓰일 것 같았다. 아마도 필요한 사람이 되고 싶다는 생각이 내가 틈만 나면 글을 쓰고 있는 까닭이 아닐까.

나는 그렇게 시를 쓰고 글을 써왔다. 그리고 이 시들을 엮어 출판사에 전달했다. 시를 쓰는 사람이 시집을 갖고 싶어 하는 것은 당연하고 자연스러운 일이다. 그간 나의 20대는 아무런 생각도 없이 살았던 10대 때와는 달리 내가 누구이며 삶은 무엇인지를 알기 위해 부단히도 매달려온 시간이었다. 동세대의 친구들에게는 취업을 준비하거나 더 나은 직장을 고민하고 있는 시기였을지도 모르지만 나에게는 나만의 방식을 찾고 나만의 답을 세우는 일이 더 중요했으니까.

그 답을 찾고 나서 사회에 나가는 게 좋을 것이라고 판단했던 나는 그 길로 여행을 떠났고 최대한 많은 사람들을 만나기 위해 전국을 떠돌아다녔다. 그리고는 길 위에서 만난 이들의 이야기에 귀를 기울였다. 지금도 많은 부분이 그렇긴 하지만 스스로의 모습을 전혀 들여다볼 줄 몰랐던 예전의 나는 그처럼 다른 사람들을 거울삼아 나를 돌아볼 수 있었다.

현재 잠시 여행 짐을 내려둔 나는 그동안 마음에 차곡차곡, 시로 한 편 한 편 정리해온 삶에 대한 내 생각들을 여기에 담아

두었다. 삶의 여러 면 중에서도 20대의 인생에서 가장 뜨거운, 그리고 모든 세대를 통틀어 20대에야말로 제일 뜨거운 '사랑'을 주로 노래했다. 사람생각이 다 다르듯 사랑을 놓고도 저마다 다른 생각을 가지겠지만 본질적으로는 끌림과 불안, 설렘과 슬픔을 겪으며 사랑하는 것은 우리 모두가 다 같으리라고 믿는다.

이 책을 읽는 당신이 누구시든 누군가를 사랑할 때는 뜨겁게 사랑할 수 있기를 빈다. 내 뜨거움으로 상대방을 뜨겁게 할 수 있어야 한다. 그렇게 서로가 서로를 뜨겁게 할 수 있어야 한다. 그래야만이 이루지 못할 것 같은 사랑과도 미래를 약속할 수 있으며 반대로 이루지 못한 사랑에도 미련 없이 단념할 수 있다. 어떤 결말을 맺든 그런 사랑이 서로를 한층 더 자랄 수 있게 할 테니까.

우리는 그렇게 성장해가는 거다. 온 세상을 다 가질 때까지가 아니라 지금 내가 만나고 있는 한 사람, 또는 언젠가 내가 만날 그 한 사람이 '온 세상 그 자체'일 때까지.

남쪽에서 가장 아름답다는
내 고향 삼천포 어딘가에서 황 진 혁

서문

에너지 넘치는 젊음의 시

강희근(시인, 경상대학교 명예교수)

지난 2월, 나의 등단 50주년 행사 때 한 호남형 청년이 나타나 행사를 축하해 주었다. 그는 스스로의 저서 '청춘의 자화상'을 들고 와 읽어봐 달라고 하면서 앞으로 시를 쓰겠다는 뜻을 표명했다. 그 청년이 황진혁으로, 그로부터 8개월이 지난 지금 시집 한 권 분량을 써서 이메일로 부쳐 왔다.

지은이 약력 란에 "어떻게 사는 것이 제대로 사는 삶인지가 궁금한 나머지 대한민국의 저명인사들을 찾아 전국을 여행하고 있다. 그리고 강연을 다닌다. (중략) 많지 않은 나이에 적지 않은 활동들로 조금씩 언론으로부터 소개되면서 모교 한국국제대학교에서는 공로상과 자랑스러운 동문상을 수상하기도 했다."라고 한 것으로 보아 젊지만 대단한 에너지로 활동하는 사람임을 알 수가 있다. 어느 편이냐 하면 외향성의 '기(氣)'가 강한 쪽이 아닌가 한다.

시인은 애초에 기질이 유약하거나 감성 일반으로 흐르는 것이 한국적 현실이라 볼 수 있다. 이른바 현대시인들의 성향이

‘피메일 콤플렉스(Female complex)’쪽이어서 남성적인 흐름에 드는 시인은 찾아보기 힘들다. 이육사나 유치환 정도를 그런 흐름의 소유자로 볼 수 있지만 딱히 오늘 시단에서 사례를 들기는 쉽지 않은 형편이다.

그런 면에서 나는 황진혁의 시적 기질을 앞으로 주목해 볼 필요를 느낀다. 우리 문학사가 가지는 취약점을 한 부분 수정해 줄 수 있는 시인으로 성장해 가리라는 예단 때문이다.

그는 시집 1부 첫 번째 시로 〈수박〉을 선보이고 있다.

어느 날 그대는
길거리에서 굴러들어온
나를 발견했었지

아이엠 수박,
나를 본 그대는
호기심에 노크는 하였으나
도통 썰어주질 않았으니
부끄러움에 붉어진
속마음은 보일 길이 없다

알은 스스로 나온다지만
수박은 스스로 나올 수 없는데
알이야 남이 깨면 죽는 것이고
알아서 깨고 나오면 산다는데

애석하게도 나는
알처럼 생기긴 했으나
알이 아닌 수박인지라
혼자서는 나올 수 없다

이런 수박,
나를 그대로 두면
수박으로서의 가치를
발할 수 없지 않으냐

아무래도 그대는
나를 알로 오해하는 듯했으나
내가 알이 아님을
말해줄 방법도 없으며
행동으로 튀어나올 방법은
더더욱 없으니 문제 _〈수박〉 전반부

따옴 시 〈수박〉은 수박의 경우 스스로 알같이 생겼지만 알처럼 알아서 깨고 나올 수가 없다는 안타까움을 표현하고 있는 시다. 밖에서 썰어주지 않으면 속을 드러낼 수 없는 것이 부조리다. 수박의 부조리! 시는 스스로 깨고 나가는 것에 대한 동경을 표현하는데 수박으로서는 그 동경을 스스로 실현할 수가 없다. 황진혁의 그 동적이고 자발하는 '기(氣)'는 시에서도 그대로 드러나고 있는 셈이다. 이런 능동적이고 자발하는 결정권에 대한 지향이 그의 젊음이고 그의 시라고 할 수 있다.

그의 결정권에의 지향은 <바람의 공식>에서 드러난다.

학창시절 나는
남들이 다 하는
'바람직한 공식'을
따라가지 못했다

뒤늦게 서둘러 따라잡으려다 보니
남들은 '바람직한 공식'이라고 쓰는데
나는 실수로
'바람의 공식'이라고 써버렸다

바람의 공식이라고 적은
종이에는 도저히
고쳐 쓸 만한 공간을
만들어낼 수가 없었다

나는 할 수 없이
'바람직한 공식'에 대한 답을 찾아
공부할 수가 없게 되었고,
내 의지와는 무관하게도
내가 쓴 그대로
'바람의 공식'에 대한 답을
찾아다녀야 했다

공부로는 찾을 수 없는 것쯤이야
당연히 알고 있었으니
그 여행을 떠났던 것이다

그러던 어느 날, 나는
'바람직한 공식'에 대한 미련을
내가 만난
'바람의 공식'으로
날려버릴 수 있었다 _〈바람의 공식〉 앞부분

따옴 시는 제도권 학교에서 거둘 수 없는 수확을 그 바깥 사회에서 얻을 수 있었다는 것을 말하고 있다. 말하자면 인생은 공식이 있는 것이 아니라 인간의 수많은 체험의 장을 통해 공식이라는 언덕을 넘어설 수 있음을 강조하고 있다. 황진혁의 체험론은 그의 시에도 그대로 적용될 수 있을 것이다. 기왕의 시론이나 낯익은 기법의 시가 아니라 남성적 목소리로 영역을 부단히 넓혀나가는 운동적 성질을 띄는 것이 그의 시라는 점이다. 이것은 우리나라 시단이 이제 영역을 넓혀 나가는 한 조짐이 될 수 있을 것이다. 이육사나 유치환이 창백한 역사 위에만 있는 것이 아니라 황진혁처럼 선 굵은 동선을 만들면서 체험의 궤적을 그어나가며 그 뒤를 이어 나갈 것이라는 점은 어쩌면 귀한 사례로 기록되는 것이라 할 만하다.

이제 출발하는 황진혁의 젊은 시는 하나의 가능성이다. 그 빠안한 불빛을 보면서 우리 독자들은 그 빛을 향해 격려의 박수를 보내주었으면 한다. 나도 그 뒤를 이어 박수를 보탤 것이다.

차례

제1악장

끌림

제2악장

불안

제3악장

설렘

제4악장

슬픔

제1악장

끌림

#. Episode 1

뜨겁게 타올라

서로가 사라져가도 좋은 느낌

서로가 사라지는 게 아니라

둘이서 하나가 되어있는 느낌

서로가 사라지고

우리가 되어있는 느낌

서로가 서로를 끌어안은 것이 아니라

온 우주를 끌어안은 느낌.

수박

어느 날 그대는
길거리에서 굴러들어온
나를 발견했었지

아이엠 수박,
나를 본 그대는
호기심에 노크는 하였으나
도통 썰어주질 않았으니
부끄러움에 붉어진
속마음은 보일 길이 없다

알은 스스로 나온다지만
수박은 스스로 나올 수 없는데
알이야 남이 깨면 죽는 것이고
알아서 깨고 나오면 산다는데

애석하게도 나는
알처럼 생기긴 했으나
알이 아닌 수박인지라
혼자서는 나올 수 없다

이런 수박,
나를 그대로 두면
수박으로서의 가치를
발할 수 없지 않으냐

아무래도 그대는
나를 알로 오해하는 듯했으나
내가 알이 아님을
말해줄 방법도 없으며
행동으로 튀어나올 방법은
더더욱 없으니 문제

이래가지고서야
진실이 알려질 수가 없다

우리의 오해는
내가 수박인데서 비롯되었지만
억울할 필요는 없는 것이,
아마 내가 멜론이었다 해도
상황은 마찬가지 아니겠는가

나는 그대를 위하여
알이 되고 싶었으나
알이 찬 수박도

알로 바뀌지는 않으리라

환한 보름달 속
훤히 비치는 토끼들도
제 스스로 달을 깨고
나오지는 못했으니
속을 비출 방법도 없는
이 답답함이야 오죽하리

에라이 수박,
검은 눈물만 줄줄 흘리는
서글픈 이름이다

두류공원길

누군가와 길을 걸어감이
참 오랜만인 듯했다
사람을 만나는 일은
항상 있어왔는데도
타인과 동행하는 기분이
웬일이지 낯설었다

함께 걷고 있던 너는
집으로 가는 길이었으니
정처를 두고 걸어갔지만
여기서 어디로 걸어도
우리 집과는 멀었던 나는
정해진 길도 없이 걸었다

그냥 너를 따라
길을 걸을 뿐이고
함께 있다는 것이
마냥 좋았지

어디로 도착하든
상관없었고
어디로 향하든
중요치 않았다

그동안 그 도시에
큰 매력을 느끼지 못했던 건
공원을 만날 여유가 없었던
그 도시의 탓만은 아니다
공원을 만날 여유가 없었던
나의 탓이기도 했다

물론 네가 아니었다면
경험할 수 없었겠지만
집으로 돌아간 네게
여행은 여기까지였고
아직 여행이 끝나지 않은 나는
다시 발길을 돌렸더랬다

아무 말도
할 수 없었던 그때

지금도

여행인지 방황인지 모를

이 여정도

언젠가 마무리 될 즈음이면

다시 또 찾아올까

그때와 같은 날

바람의 공식

학창시절 나는
남들이 다 하는
'바람직한 공식'을
따라가지 못했다

뒤늦게 서둘러 따라잡으려다 보니
남들은 '바람직한 공식'이라고 쓰는데
나는 실수로
'바람의 공식'이라고 써버렸다

바람의 공식이라고 적은
종이에는 도저히
고쳐 쓸 만한 공간을
만들어 낼 수가 없었다

나는 할 수 없이
'바람직한 공식'에 대한 답을 찾아
공부할 수가 없게 되었고,
내 의지와는 무관하게도
내가 쓴 그대로

'바람의 공식'에 대한 답을
찾아다녀야 했다

공부로는 찾을 수 없는 것쯤이야
당연히 알고 있었으니
그 여행을 떠났던 것이다

그러던 어느 날, 나는
'바람직한 공식'에 대한 미련을
내가 만난
'바람의 공식'으로
날려버릴 수 있었다

바람직한 수많은 방식들이
아무 필요 없어졌으니까,
바람의 공식 안에서는
오직 바람만이
공식의 전부였기 때문에

나는 더 이상
바람직하면서도 일반적인
공식이나 방식들을
갈망하지 않게 되었다

바람직한 방법을 찾아
무엇을 꼭
이루어야 한다는 부담감을
가지지 않게 되었다

나는 이제 바람만을 갈망한다
더는 바람직한 방법을 찾지 못해서
무엇을 꼭
이루지 못하더라도 좋다

불었다
스쳤다
머물다갔다
그것만으로, 심지어
사라졌다
그것만으로도
의미를 갖기 충분한
바람처럼

예술가의 짝사랑

나는
감정전달을 제대로 못하는 예술가다

내가 그녀에게
진심을 이야기하면

그녀는
진심이 아닌
부담을 느꼈던 것을 보면

그녀는
나에 비하면 훨씬 나은 예술가다

그녀가 내게서
부담을 느끼면

그녀는
자신이 느끼는 부담 그대로
내게 전달했던 것을 보면

꿈을 이루고자 하는 이에게

꿈을 이루고자 하는 이여
움켜쥔 꿈은
출발하지 못할 터이니
무언갈 쥔 그 손을
활짝 펴보아라
강물에 띄우도록 내려놓아
바다까지 도달할 수 있도록

꿈을 이루고자 하는 이여
그 꿈으로 인해
보게 될 것이다
많은 것들을
깊고
넓게
멀리

꿈을 이루고자 하는 이여
가진 꿈이 더 이상은
아무것도 보여주지 않을 때
보아라

스스로의 모습을 들여다보아라
이미 그 꿈을 이루어낸
제 모습을 발견할 수 있을 테니

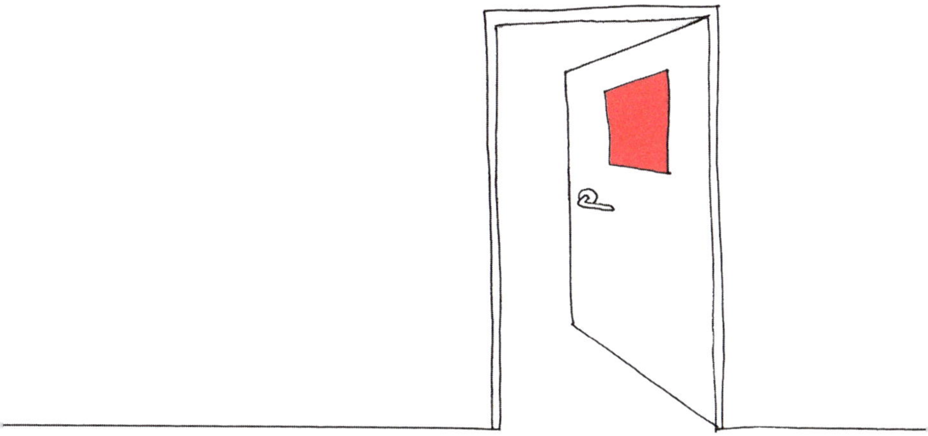

해바라기가 고개 숙이던 날

어느 날 네가 목이 아파 고개 좀 숙였다고 해서
해를 사랑하는 마음이 어떻게 된 것은 아니라는 걸 안다
네가 해를 보지 않아도 해바라기로 불리었던 것을 보면

네가 하루 종일 해를 바라본다는 것을 안다는 사람들도
네가 달밤에 수많은 별들을 훔쳐보았음은 아무도 모른다
네가 오밤중에도 해바라기로 불리었던 것을 보면

만약 우리가 다른 동물들과는 달리 잠을 자는 동물이 아니었다면
너는 해바라기라는 이름이 붙여지지 않았을지도 모르지
짝사랑의 상징이 아닌 불륜의 상징으로 살았을지도 모른다

사실 내게서 너는 어리석음의 상징이었지
내가 한 사람을 오래도록 사랑하기도 전에도
너는 조상들부터 자손들까지 하늘만 바라보았으니까

네가 그 긴 고개를 숙이던 날에야 나는 한 마디 말을 건네었지
네가 땅을 내려다보던 날이었으니 벌써 깨닫고 있었으리라
사랑은 멀리서 찾는 것이 아니라 가까이에 존재하는 것이라고

너도 나도 우리들 저마다는 무슨 환상을 가지고 사랑을 했었다
오랜 방황 끝에 사랑을 찾은 너를 격려하고 축하하노라
나는 이제 더 이상 너를 해바라기로 부르지 않을 것이다

그냥

그냥 울적해진 당신은
그냥 웃을 수도 있습니다

그냥 짜증이 난 당신은
그냥 웃을 수도 있습니다

그냥 거울을 보고 한번 웃어보세요
그냥 그 모습에 낯설어하지 말아요

남자의 눈동자

한 남자의 눈동자만 보아도
제 여자를 얼마나 사랑하는지가 보인다

눈빛이 다르다

한 남자의 눈동자만 보아도
어떤 세계를 다녀온 사람인지가 보인다

깊이가 다르다

한 남자의 눈동자만 보아도
다녀온 곳이 제 여인의 몸인지 사랑인지가 보인다

가슴에 뜨는 태양

아침 새해가
오전 일곱 시 삼십육 분에
뜬다고 했건만
산 너머에는 아직
해가 보이지 않는다

오 분을 초과해도
십 분을 초과해도
뜨지 않다가
십오 분을 초과해서야
뜨겁고 벅차게 떠올랐다

소원을 빌고 돌아가는 길
누군가 내 가슴에 글을 쓴다
찬란히 떠오르는 태양도
하나의 산을 넘는 데에는
시간이 걸리는 법이라고

개꿈

너를 꿈꾼다
너를 가질 욕심을 가진다
불가능할 것을 알지만
걷잡을 방법 또한 없다

너를 꿈꾼다
가슴이 두근두근 뛴다
이 꿈이 정말이길 바라면서도
이 가슴을 숨기기에 급급하다

너를 꿈꾼다
현실에선 없을 너와의 시간을
너무 생생한 개꿈을 꾸는 중이다
개꿈이라도 깨어나기 싫다

너에게 말한다
이 개꿈을 빌어 말해본다
현실에서는 말하지도 못했던
좋아한다… 사랑한다…

졸업을 앞두고

안녕이라 말할 시간이 다가왔어요
알차게 지내왔노라 자부했건만
남기고 가는 게 고작 미련입니다

그 동안 나는 뭘 하고 있었는지
시간이 참 빠르구나 생각했는데
시간이 많이 지나간 것이더군요

달라진 건 아무것도 없으면서
벌써 마지막이라 여겨지는 것만
하나하나 늘어가는 요즘이에요

끝이라고 생각지는 않아야겠어요
새로이 다시 올 시간을 앞에 두고
다시 최선을 다하리라고 약속합니다

시간이 참 빠르구나 생각했는데

시간이 많이 지나간 것이더군요

원나잇

견적 나오는
클럽에서의 몸놀림

술에 찌들어
제 스스로 몸 버려

쾌락에 겨운
광란의 몸부림

내일 그대는
한심함에 몸서리

대한민국

반나절이면 어디든 가는 땅에서도
먼 거리라고 말하는 사람들이 있다

가보지 못한 곳이 절반 이상인데도
좁은 세상이라고 말하는 사람들도 있다

이래서 나는 아직도
나를 전부다 알 수가 없다

옥탑방 고양이의 사랑

늦은 밤,
옥탑방 마당에서 하늘을 올려다보면
저기 달 뒤편에 수줍게 숨은
작은 별 하나를 봅니다
저 별이 꼭 누구처럼 보여서요

아무리 큰 달 뒤에 숨어있어도
달보다 더 밝게 빛나는
수많은 별들 중 가장 반짝이는
저 별이 꼭 누구처럼 보여서요

너무 높이 떠있는 멀리의 저 별에
어떻게 잡을 방법 하나 없으면서
나는 뻗히지도 않는 손만 뻗어보아요
아, 우리는 이렇게도 닿을 수 없나요

늦은 밤,
옥탑방 마당에서 하늘 구석구석마다
'사랑해'라는 말로 낙서를 합니다

알아듣지도 못하고 들리지도 않을 텐데
목멘 소리로나마 크게크게 울어봅니다

야옹야옹

공연장에서

그대가 듣지 못해서 다행이다
음악소리에 아무것도 안 들리는 게

두근두근 심장을 사로잡은 그대에게
살금살금 괜스레 부담스럽지 않게

성큼성큼 자신감 넘치는 남자답게
냉큼냉큼 다가가고 싶은 이런 내게

내 심장소리 음악소리에 흩어지는 게
그대가 알지 못해서 다행이다

자선냄비

내 가슴이 따뜻해야 한다
세상이 추워도 살아갈 수 있도록

모두의 가슴이 따뜻해야 한다
세상이 추워도 녹여줄 수 있도록

벚꽃놀이

분홍빛의 눈발들이
따사로이 휘날리는
그야말로 봄날

벚꽃을 올려다보는
그대의 모습은
그 이상으로 봄이요

모든 봄 사이로
단연 아름다움을 자랑하는
내 사랑이여

벚꽃보다 아름답고
벚꽃 이상으로 봄 같은
내 연인이여

주위를 둘러보아요
봄이 진행 중이에요
사랑도 진행 중이지요

꽃과 나비에게도
세상과 사람들에게도
그대와 나에게도

벚꽃보다 아름답고 벚꽃 이상으로 봄 같은

내 연인이여

크리스마스 선물

한 겨울을 날고 있는 바람 때문일까
사랑에 빠져 허우적대는 설렘 때문일까
온 몸을 떨고 있는 한 남자의 꼬락서니를
옆에 있는 여인은 어떻게 생각할는지

성탄절을 알리는 십이월의 빨간 날을
하얀 날로 선물하고 싶었던 이 남자는
정성스레 소망을 담아 글로 쓰더니
하늘에다 정중히 편지를 보냈다

연모하는 이에게 줄 것이 하나 없어
부끄러운 줄도 모르고 흐르는
남자의 눈물을 아무도 모르라고
겨울의 돌풍이 날려버리는 광경을 보았다

오늘 하늘이 남자의 편지를 읽었나보다
이 남녀의 온 시야에 첫눈이 내리고 있지 않은가
수많은 순백의 천사들이 전하는 답신이다
여인이 남자가 떨고 있던 까닭을 눈치 챘을 쯤이다

겨울이 머물기를 바란다

나는 아직
겨울이 머물기를 바란다

조금만 따뜻해도
온 세상이 따뜻한 것처럼 느껴져서

그대의 찬 손을 녹여주겠다는 핑계로
내 주머니에 그대의 손 꼭 잡고 있을 수 있어서

지난 여름날 나를 위해 뜨거웠던 내 가슴이
겨울이 되면 남을 위해 따뜻해지는 가슴이라서

누군가의 얼어붙은 냉가슴에 대고
그대가 이기적이라서 그런 것은 아니라고 일러줄 수 있어서

먹을 것 하나 없이 가난하고 불쌍한 겨울아이가
사랑스러운 아이라는 생일축하노래를 들을 수 있어서

화이트크리스마스도 좋고
아직 추운 화이트데이도 좋아서

사람들을 불태우는 분노가
겨울의 추위에 얼어붙을 수 있어서

서리 같은 사람들의 슬픔이
뜨거운 커피 한잔에도 녹을 수 있어서

나는 아직
모두의 온기가 머물기를 바란다

병상일기

시를 쓰고 싶다
허나, 영감이 없다면
시를 쓸 수가 없지

시를 쓰고 싶다
허나, 경험이 없다면
시를 쓸 수가 없지

시를 쓰고 싶다
허나, 손을 못 쓰면
시를 쓸 수가 없지

시를 쓰고 싶다
허나, 죽게 되면
시를 쓸 수가 없지

아직 난
글을 쓰고 싶은데

실행

나는 확신을 바라기 때문에 확신을 만들려는 사람이지, 희망을 바라는데 시간을 쓰고 싶지는 않은 사람이에요

나는 되는 일을 하고 싶은 사람이에요. 안 되는 일 말고요. 그래서 될지 안 될지 모르는 일에는 최선은 다 하더라도 된다는 희망 같은 것은 걸지 않습니다. 일의 결실과는 무관하니까요

나는 꿈은 간절히 바라는 게 아니라고 생각해요. 구체적으로 추진하는 거라고 한다면 모를까요

들꽃을 꺾어오시던 아버지

침침한 날
창가 너머 피어난 들꽃,
모여 있는 그들을 보며
멍하니 서 있었습니다

그럴 때면 나의 아버지
초록빛 소주병을 가지고 나가
거기 핀 코스모스 한 묶음 꺾어다
우울한 모습의 제 옆에 놓고 가셨지요

아버지, 세월이 지나도
여전히 가을은 찾아왔습니다
들꽃을 꺾어오시던 울 아버지
지금은 어찌 지내십니까

잘 계시겠지요?

청춘의 덫

상처 받고 쌓여버린 마음의 벽엔
온 만신에 그대 모습만 그려져 있다

그냥 두기엔 견디기 너무 힘들어
서둘러 그 모습들 지워나갔다

지우면서 저려오는 고통쯤이야
잊지 못하는 고통에 비하겠느냐만

짓궂은 그대는 또 다시 와서
제 모습을 그리고는 사라져버렸다

제2악장

불안

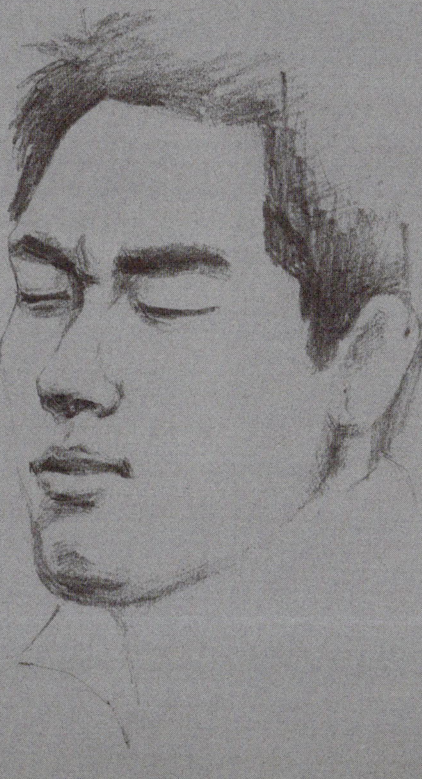

#. Episode 2

$x^2 = y$

(x를 2제곱하면 y가 된다.)

'잊어야 한다'는 말을 '사랑'으로 제곱하면

'보고 싶다'는 말이 된다.

$(\text{잊어야 한다})^{\text{사랑}} = \text{보고 싶다}$

그대가 여자와 연애를 시작하기 전에

가까이 다가가되 쫓아가지는 말아라
손을 내밀되 매달리지는 말아라
매력으로 유혹을 하되 없는 것으로 허세를 부리지는 말아라
근거 없이 자신만만하되 뭔가 믿고 자신만만하지는 말아라
서럽게 외로워지되 돈에 환장한 여자를 만나지는 말아라
항상 떠올리고 생각하되 집착하지는 말아라
늘 배려하되 부담주지는 말아라
시간이 지나되 사랑이 변하지는 말아라
그녀가 없되 다른 데 한눈팔지는 말아라
잘해주면 나의 그녀이되 잘못하면 다른 사람의
그녀가 됨을 잊지 말아라
화날 때 화는 내되 화날 때 손을 대지는 말아라
용서는 하되 끌려 다니지는 말아라
능력이 없되 무책임하지는 말아라
눈물이 나되 앞에서 보이지는 말아라
가는 길까지 바래다주되 먼저 돌아서지는 말아라
맘이 설레되 허튼짓 따위는 말아라
오늘이 아쉽되 함께 밤을 보내자고 말하지는 말아라
안기고 안아주되 구속하지는 말아라
딱 놓아주되 뒤돌아보지는 말아라
새로운 인연을 만나되 지난 그녀를 떠올리지는 말아라

그림자

언제나 함께하고픈 욕심을 빌어
그대가 나의 그림자가 되어주기를 바라오

밝은 날에만 그대를 꺼내주어
좋은 세상만 보여주고 싶다오

어둠이 뿌려지면 그대의 눈과 귀를 가려주어
그대가 슬픔을 모르고 살도록 해주고 싶다오

밤길은 위험하니 혼자 다니지 않도록
내 말을 듣고 이 영혼으로 숨어드시오

빛이 보이면 다시 꺼내어 줄 테니
내 말을 듣고 이 영혼으로 숨어드시오

혹여 어느 날 그대가 눈물을 보이면
나 얼른 돌아보아 말없이 그대를 안아주리다

혹여 어느 날 그대가 웃음을 보이면
그 얼굴 돌아보아 함박웃음으로 그대를 안아주리다

언제나 함께하고픈 욕심을 빌어
그대가 나의 그림자가 되어주기를 바라오

외지에서 맞은 겨울날의 생일

창밖으로 눈이 소복소복 쌓여있었다
집으로 돌아가는 길이 미끄럽지는 않을까
걱정도 들 법한데 오늘은 좀 생각이 다른 날

한걸음마다 발자국 꾹꾹 남기며 내려간다
아무것도 없는 백지상태의 하얀 세상 위로
나 다녀간 역사를 남기며 과거로 돌아가노라

사실은

오늘 아침은
기분 좋은 아침이다

사실은
아직 아무 일도
일어나지 않았기 때문이다

오늘 낮은
정말 중요한 낮이다

사실은
안 피곤한 시간이라
잘 써야 할 수밖에 없다

오늘 밤은
그대를 생각하기 좋은 밤이다

사실은
그대를 볼 수 없기에
생각하고 있을 뿐이다

자존심

어릴 때에는
나를
강하게 만드는 줄 알았는데

나이를 먹고 보니
나를
무식하게 만드는 것일 뿐이었네

그 여인과 나의 기도

주님
세 가지만
기도합니다

부유한 재력과 큰 권력,
완벽히 잘난 남자가 아니라면 싫다는
탐욕스런 여인이 있거든
내가 사랑하지는 않게 하소서

만약 실제로 그런 여인이 존재한다면
그녀 역시
나 같은 한량을 만나는 일은
없게 해달라고 기도케 하소서

그리고는
그 여인과 나의 기도를
꼭 들어주소서

포기

한 사람이
어떤 상대방을
그리워하고 있음이
자꾸
커져만 간다는 것

그 상대방도
그런 한 사람에 대한
부담을 느끼고 있음이
자꾸
커져만 간다는 뜻

사랑의 기억

사랑을 가질 수 없으면서
사랑하는 마음만 가졌으니
나는 너를 담지도 못했고
다른 여인을 담지도 못했다

스스로 책임져온 인생에
찰거머리처럼 붙어있는
외로움을 안고 사는 삶이야
이제 익숙해졌건만

명색이 전국팔도 돌아다니며
여행자로 살아온 사람이
떠나서도 도착하지 못하는
이상한 방황을 하고 있었다

지나온 여행에서 얻은
모든 것이 흩어지는 순간
이제야 알았는데 어쩌겠는가
그것이 여행자의 숙명임을

늘 고민에 대한 해답을 주었던
여행지 스스로에게도
안고 있는 고민이 있다는 것을
그 무렵에야 알게 되었다

인정받지도 못한 글 솜씨로
너에게 시를 쓰곤 했었고
성악을 공부한 이 목소리로
시를 읊어주기도 했더랬지

가슴이 졸여든 만큼 움츠려든
양어깨 위로 손을 들었을 때
세차게 불던 바람은
마음을 잡지 못하고 우유부단해졌다

무뎌지지 않았으면 했던 것들이
어느새 무뎌져가듯
무너지지 않으려고 했던 것들도
그렇게 무너져버린다

지난 사랑을 굳이 잊지는 않아도 좋다

지난 사랑

지난 사랑을
떠올리지 말아야 한다

많이 보고 싶어짐은
많이 잊어야함을 뜻하니까

지난 사랑을
굳이 잊지는 않아도 좋다

어느새 내 꿈에
한 발짝 더 다가가 있을 테니까

열정낙서

불타오르는 것만으로는
감히 열정이라 말할 수 없다

장작이 다 타고 남은 숯에서도
불씨는 죽지 않았다

불붙고 사그라지는 그 전체를
열정이라 이름 붙여야 옳을 것이다

다 타고 남은 것으로야
비로소
인생이라는 두 글자를 쓸 수 있으니까

문득

취업준비생으로 산 시간이
얼마나 흘렀는지 생각하다가
문득 한숨이 나왔다

좋은 사람이 되어야겠다
내 한숨이 따뜻하다

결혼

어차피 할 거면
좀 빨리 한들 어떠한가

어차피 할 거면
좀 늦게 한들 또 어떠한가

노산공원

주말의 날씨는 화창했다
나는 예배를 마친 후
바다를 등진 채 솟아나 있는 언덕에 올랐다
이곳에서 얻은 것들은
생각이든 추억이든 깨달음이든
시간이 제법 지나도 잘 까먹지 않았지
무언가를 얻겠다고 찾아온 사람은 없었지만
저마다 마음을 비우고 무언가를 얻어간 곳
나는 문학관 옆에 앉아 계신 박재삼 선생님께 여쭈었다
생전의 당신께서도 이곳에서는 그러하셨던가요
먹지 않아도 배부를 때의 느낌을 아는 사람들이 이곳에 와있다
어느 젊은 어머니는 어린 자녀와 손뼉을 치며 놀아주고 있었고
저기 남자는 소개받은 듯해 보이는 예쁜 여인과 담소를 나누며
길을 걷고 있었지
나는 잘 다듬어진 잔디밭 위로 자리를 깔고 엎드려 누워 시집을
읽었다
어머니와 놀고 있는 어린 자녀는 젊은 어머니의 모습이 영원하
리라 믿을 것이다
해서 나중에 어른이 된다면 그 어머니 눈가에 주름이 진 것을 보고
는 문득 오늘이 떠올라 눈가에 눈물이 고일지도 모른다

예쁜 여인은 저 남자와 밤새도록 함께 있지 못해도 좋을 것이다
나중에 저 남자가 남편이 된다면 남자와 다투는 날이 생기더라도
다정하게 대해준 오늘을 기억하며 황혼까지 다다를지도 모른다
나는 책의 여백에다 글을 쓰면서 이태리 가곡을 흥얼거렸는데
나중에 내게도 자녀가 생기면 그 아이도 이곳에서 시집을 읽다가
뜻도 모르는 이태리 가곡을 흥얼거리고 있을지도 모른다
우리 모두는 아무렴 어떠냐는 듯이 각자 웃음꽃을 피웠으며
시간이 가는 줄을 잊었거나 또는 시간이 멈춘 줄로 착각들을 했다
이곳에 종종 혼자 들르는 나는 어떤 생각에 잠긴 적이 많았고
누군가는 사랑하는 이와 함께 이곳을 거닐며 즐거움을 나누었으며
이곳에서 마주친 원수들끼리는 서로의 과오를 잊어버렸다
큰돈이 없이도 행복할 수 있음을 아는 사람들이 다녀가는 곳
언덕이여
너는 그 모든 사람들의 모습을 기억하고 있는가

나는 잔디를 한번 쓰다듬고는 그 자리를 일어났다

그런가요

구름인지 별인지
꼭 잡아봐야만 아는가요

꿈인지 망상인지
꼭 가봐야만 아는가요

내 것이 아닌 걸
꼭 쥐어봐야만 아는가요

모기

곤히 잠을 자고 있을 그즈음
간밤에 그녀가 찾아와
허락도 없이 내 입술을 훔쳤다

남몰래 숨겨둔 남편도 있고
남몰래 숨겨둔 자식들도 있으면서
허락도 없이 내 입술을 훔쳤다

잠에서 깨어 일어나보니
무슨 낯짝으로 아직 이곳에 있는가
그녀가 내 다리에 앉아 있었다

나는 용서할 수 없었다
밤새 내 입술이 붓도록 입을 맞춘 그녀는
분노한 나의 손에 그렇게 세상을 떠났다

잡초의 눈물

나는 하찮은 잡초이기에 슬픕니다
전생을 기억하는 잡초이기에 더욱 슬픕니다
그 전생도 지금 같은 잡초였기에 더더욱 슬픕니다

칼에 갈기갈기 잘려 죽어 다시 태어나면
사랑받기는커녕 동정도 받지 못하고 또 짓밟히지만
되살아나는 나도 감정과 표정을 갖고 있지요

헌데 되살아나서 겨우 웃음 지을 날이라도 생기면
사람들은 그조차도 못마땅한가 봅니다
오늘은 뿌리째 뽑혀 불에 타 흔적도 없이 사라질 테니까요

숨은 고백 찾기

얼빠진 채 그대만 보는 나는 그대의 수하
마린보이 뽀빠이 슈퍼맨 다 해줄 수 있거늘
만발한 내 사랑을 모두가 알고 있지만
큼직한 내 사랑이 그대 눈엔 고작 요만큼

좋아하는 내 마음은 당연히 하늘땅 별땅
아낌없이 주고픈 내 마음을 알겠느냐만
해맑은 그대 미소만큼, 하늘만큼 땅만큼
요지부동 내 사랑, 그대만 향하고픈 걸요

* 첫 글자만 먼저 읽어보세요. 그리고 마지막 글자만 읽어보세요.

삶의 이유

그대의 향기를 맡고
그대의 모습을 보고
그대의 목소리를 듣고
그대가 옆에 있음을 느낀다

다행이다
아직 내가 살아있구나

남의 말에 대한 주의

남의 말은
여러모로
믿을 것이 못 된다

남의 유혹에
넘어가게 되니까

남의 아부에
똥폼 잡게 되니까

남의 허세에
의지하게 되니까

버르장머리

어른들 앞에서
예의를 지키지 않는
아이들이나 또래들을
보는 경우가 있다

몰라서 못 지키는
그게 아니라
그냥 안 지키는
나쁜 녀석들을

예절교육이야
이미 받았을 테니
더 이상의 예절교육은
필요치 않다

이럴 때일수록
역사교육이 필요하다
자라나는 아이들도
역사를 알아야 한다

너희들아

옛날 같으면

예를 갖추지 않는 자는

죽을죄로 다스렸단다

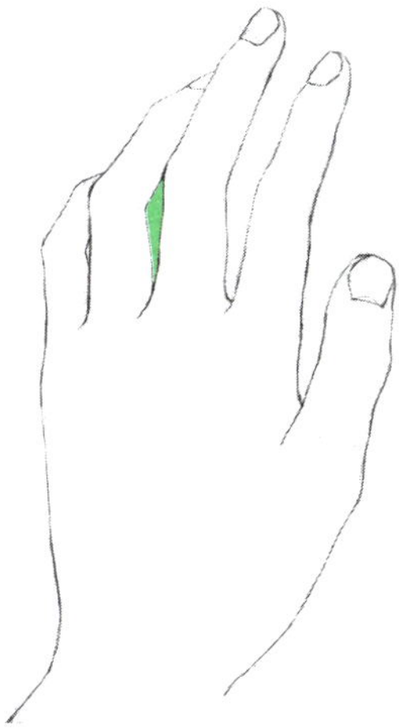

삭제

페이스북에
알림하나 떠있어 들어갔더니
웬 친구신청이 들어와 있다

누군지 봤더니
전 여자친구

자신이 저지른 잘못으로
나쁜 결말을 맺었던
아픈 상처를 주었던
달가울 리 없는 사람

대체 이런 사람들은
무슨 생각을 하고 사는 걸까
머피의 법칙도
뭐가 이런 게 다 있을까

곧바로 삭제도 누르고
화도 누르고

책을 편 나는
여백에다 글을 쓴다

끝은 한 번만 내는 것

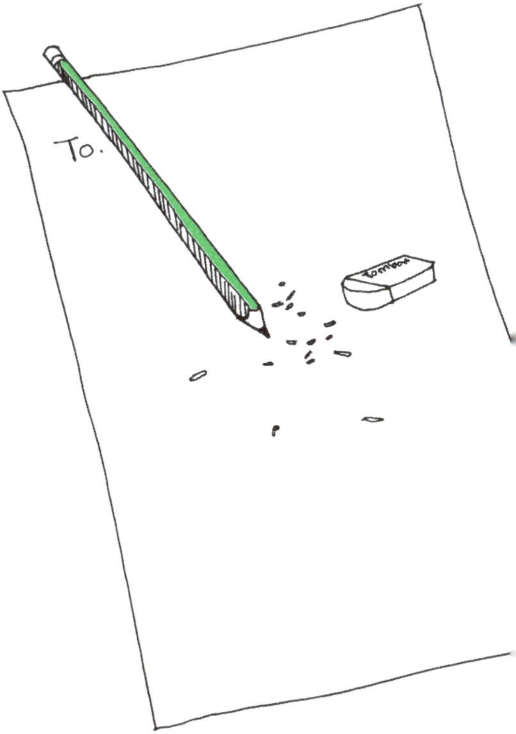

직장상사

존경과 감사
분노와 증오가
교차하는 그 이름
당신을 맛본다

오늘 내게 그 이름은
자판기 율무차의
레시피가 맞지 않을 때와 같은
탄식을 부른다

아

운명

운명은 다가왔다가 멀어지는 것이 아닙니다
좋은 일로도 다가오고 슬픈 일로도 다가옵니다
피곤해질 때까지 다가오는 졸음처럼
생이 다하는 순간까지 다가오는 것이 운명입니다

만남이 운명이었다면 멀어짐도 운명입니다
우리의 멀어짐도 결코 운명이 다했기 때문이 아닙니다
그대와 나의 멀어짐 자체가 서로의 운명일 뿐이지요
끝이라고 말하기엔 너무 길게 남은 것이 운명입니다

부디 아무 말 하지 말고 안녕히 가세요
어디로 가실지는 모르겠으나 묻지는 않을게요

제3악장

설렘

#. Episode 3

만남이라는 게,
헤어짐의 예고편에 불과하지만
결말은 생각하지 않기로 약속한 사이가
사랑을 이루게 되는 것이라지요.

그래서 사랑이
멍청해야 할 수 있는 것이라지요.

밤길을 여행 중에

온 세상의 그림자도
잠드는 시각
아니,
온 세상이 그림자로
뒤덮인 시각
바람만 남몰래
3 · 1운동 하듯
쏘다니는 시각

제 자리 찾아서
내려앉을 쯤엔
흩어지는 저 바람도
얼마나 남루한가
우주의 자비가 없는 한
빛나는 별도 추락하여
돌덩이 신세를 면치 못하니
너도 가엾은 아이다

보살펴야
꿈도 꿈이지

다가가지 못한다면
한낱 이상이어라
막연하면 상상이고
저버리면 망상이며
누군가의 은혜는
저버리면 망덕하다

더 걸어가다 쓰러지면
그까지야 괜찮겠으나,
돌아보는 이, 뉘 없어도
그 역시 별 상관있을까마는
문득 지치고 아픈 날에
몸서리칠 곳 하나 없어
서러움 한가득 밀려오면
이런 감정은 어떻게 하나

내가 시를 쓰는 이유

한 번뿐인 인생을 살면서
삐까뻔쩍한 사람이 아니라
멋있는 사람으로 살고 싶었다

관심과 화살이
구분 없이 들어찬 공간에서도
시 한편 읊조릴 수 있는
여유를 가진 사람이
그 같은 사람이라고
나는 생각했다

그대가
기쁜 날이든지 슬픈 날이든지
그 어떤 모습도
안아줄 수 있는 사람이
그 같은 사람이라고
나는 생각했다

법과 사랑

알면
가지고 놀게 된다

모르면
지독하게 휘둘리고

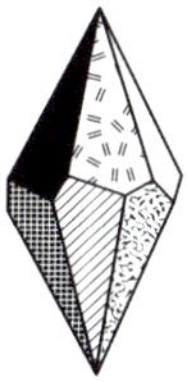

군대에 간 동생에게 보내는 시

내 동생아
군에서 몸 건강히
사고 없이 제대하여라

차남이 없으면
장남도 외동이 될 뿐
더는 장남일 수 없단다

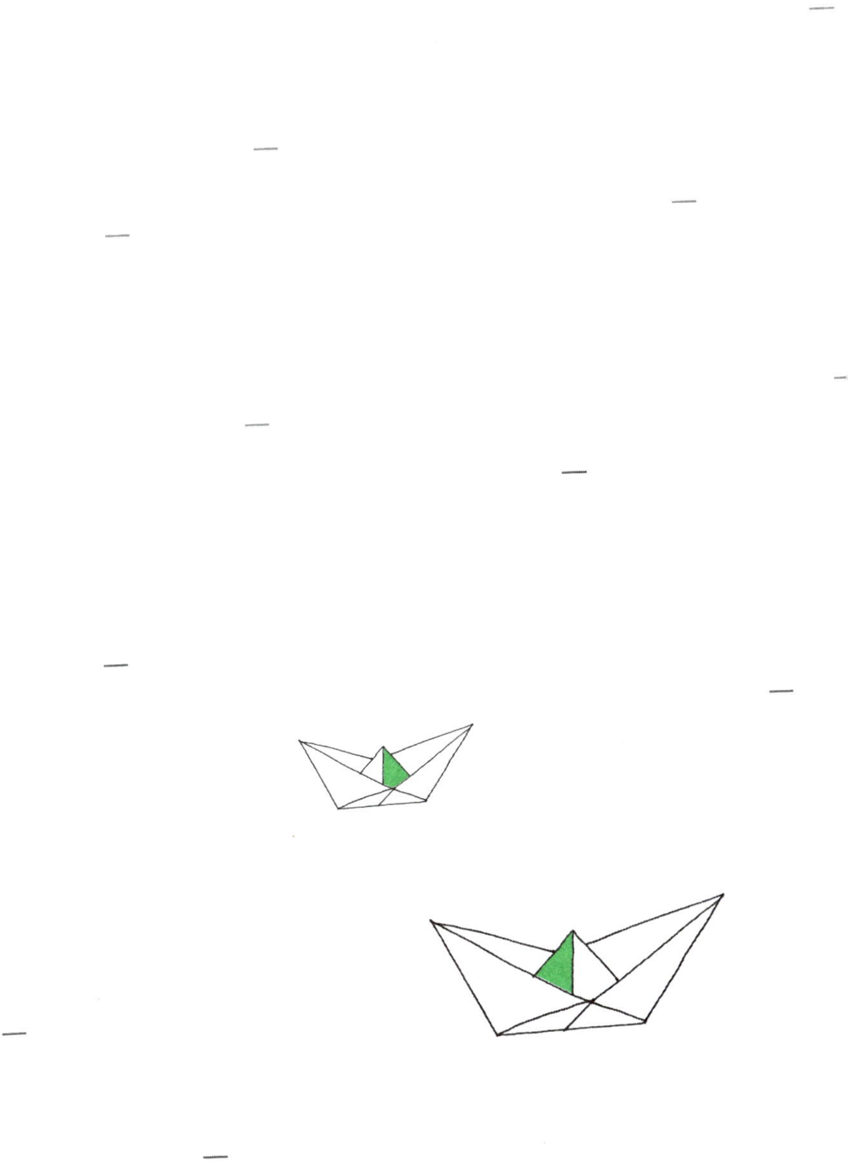

바이오리듬

나는 꿈을 이루려고 한 적이 없다
다만 닮아가려고 했던 것뿐이다

삶을 돌아보고 둘러보면서
가슴 속에 있는 꿈에 비추어가면서
할 수 있는 것들을 실행해왔다

문제는
해결하는 방향으로

안되면
안고 가는 방향으로

그러다 어느 날
그것이 나를 망가뜨리면
신속하게 빠져나오는 방향으로

행복은
내 꿈에 있는 것이 아니라
그냥 내 안에 있는 것이므로

발명하는 것이 아닌
발견하는 것

삶은 계속 개발해야 하지만
개보수를 하는 것이 우선

오늘의 날씨는
오싹함이 퍼졌지만

어제의 날씨는
새싹이 피었고

내일의 날씨는
햇살이 비치는 걸로

오늘 쓰는 글에
별 목적 없어 보이더라도
그대가 행복해서
미소 지으면 좋겠다

가나다라마바사 아자차카타파하

가난하지 않았더라면 감사함을 알 수 없었을 것이다
나의 소중함을 몰라서는 나약함을 이길 수가 없다
다 놓았더라면 다시 오는 기회를 못 봤을지 모른다
라인이 잡히지 않고서야 라임을 만들어내기는 어렵다

마법 같은 이 순간이 마지막이 되지 않도록 해야 한다
바르게 사는 것이 바보 같이 사는 것은 아닐 것이다
사랑이 없었더라면 삶의 고독을 제어할 수 없을 것이다

아버지와 어머니가 없었더라면 아들도 딸도 없었을 테다
자신을 모르는 사람은 자기를 성찰할 줄 몰라서 그런 것이다
차가운 사람이 되기 싫어서 차는 따뜻한 것으로 즐겼는지도 모른다
카메라를 들고 다니면서부터 캄캄한 세상을 기억하지 못했다

타오르는 열정이 태우고 태워도 식지 않았으면 좋겠다
파리가 날아드는 곳을 파랑새가 날아드는 곳으로 바꾸어야 한다
하고 싶은 일을 하며 살았으므로 행복이 무엇인지를 알고 있다

연시

네가 오기 전에는
한낱 낙서였으나

네가 여기 와서는
아름다운 시가 되었다

네가 오기 전에 나는
한낱 시인행세를 하며
빌빌거리는 놈팡이에 불과했으나

네가 여기 와서 나는
스스로 시인이라 칭하지 않아도
사람들에게 시인으로 불렸다

나는 네가 읊어주는 대로
시를 받아 적어온 거다

네가 오기 전에 나는

놈팡이에 불과했으나

네가 여기 와서 나는

사람들에게 시인으로 불렸다

단점

단점이 있다는 것은
모자람이 있다는 뜻이다
허나 단점이 있음을
슬퍼할 필요는 없다

어차피
완벽을 가질 수 없는
인간이라는 존재로 태어나
완벽을 상상한들 무엇하리

단점이 있다는 것에는
모자람이 있게 마련이지만
우리에게 단점이 있음을
신의 은혜로 받아들이자

다른 존재와 공존하며 살 수 있음과
일찍이 세계가 이루어짐과
오늘날까지의 역사가 존재함은
단점이 있었기에 가능했으니

오늘도 나의 단점이
신의 은혜임을 실감한다
내게 필요한 사람이
당신이라는 사실만으로도

어머니와 애인

나를 사랑하는 여인에게서
처음 시를 쓰는 법을 배웠고

내가 사랑하는 여인에게서
여러 시를 꺼내 쓰게 되었다

차·도·녀(차가운 도시의 여인)

창밖에 눈이 와서 온 세상이 하얗게 뒤덮인 날
이곳은 그렇게 차가운 도시의 겨울이었다

내 머릿속까지 새하얗게 변하는 그날은
오직 딱 하나 차가운 도시의 여인만이 뚜렷했었다

그 뚜렷이도 선명한 여인에게 손이라도 뻗으면
닿으려 할 즈음 이미 녹아 사라져 버리더랬지

그래도 나는 그녀가 다시 보일 때까지 기다리고파
이토록 차가운 도시의 겨울 위에서 학수고대했었다

누군가나 무언가를 기다리는 게 그토록 싫었으면서도
애써 기다린 보람이 허락되는지 다시 그녀가 보이면

그 보람도 잠시, 또 다시 사라질지 몰라
차마 손도 못 닿아보는 차가운 도시의 여인

바이킹

널 생각하는 마음이
더 크고 높게 오를수록
두근거리는 내 가슴은
점점 답답해진다

높아질 때마다 언제 멈출지
나도 몰라 겁이 나
안절부절 아무것도 못한 채
네 모습만 붙들고 있다

이러다가 미칠 것만 같아
차라리 멈췄으면 좋겠는데
바람대로 멈춘 뒤 나는
고개를 숙이고 지쳐버렸다

당신의 그 남자

남자는 어떤 여자를 사랑하느냐는
네 질문에 대답하기 어려웠어

네 옆에서 널 지키는 그 남자는
또 어떠한 네 모습을 사랑하는지

나와 같은 네 모습을 사랑하는지
참 부러운 그 남자를 잘 모르겠어

그 남자도 해맑은 네 미소에
나처럼 정신 못 차리는지 잘 모르겠어

신앙고백

당신처럼 말씀으로 세상을 창조할 수는 없으나
노래하며 미지의 세계는 창조할 수 있도록 하신 것
당신처럼 사랑이 영원할 수는 없으나
언젠가 멈출 사랑도 영원할 것처럼 믿을 수 있도록 하신 것
당신처럼 홀로 생명을 탄생시킬 수는 없으나
둘로는 생명을 탄생시킬 수 있도록 하신 것
당신처럼 불멸할 수는 없으나
당신을 닮은 형상으로 태어나 살 수 있도록 하신 것

그 모두가
제가 감사하지 않을 수 없는 기적들임을 믿습니다

이별

허전할 수 있도록
무언가를 지워야 한다

아파질 수 있더라도
그렇게 해야 한다

그래야 비운 곳에
새 것을 담을 수 있다

큰 것을 비울수록
더 큰 것을 담을 수 있다

그 사랑을 비운다면
더할 나위 없으리라

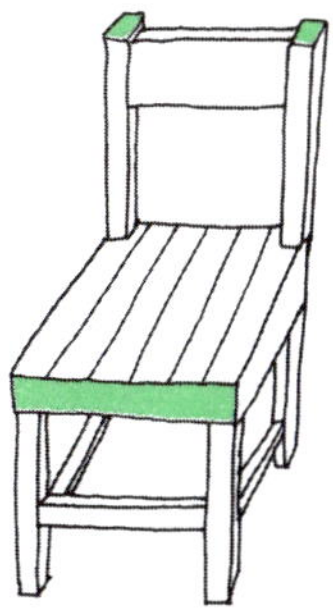

별것이 아니다

별것이라도 되어보려 했으나
별것이 될 수 없는
우리 모두의 삶이다

별것이 되고 싶은가
그대는 진정
별의 소유물로 살고 싶은가

허나 그럴 수 없다
모든 것은 별것일 수 없고
알고 보면 별것은 없다

훗날 별이 될 운명이여
그대는 결코
별의 소유물로 살다 가지 마라

꿈에서 했던 질투

내 꿈에 올 거면 너만 들렀어야지
얼굴도 안 보이는 옆에 저 남자
내 꿈에는 데리고 오지말지 그랬어

내 꿈이 뭐냐고 물었을 때 나의 대답
지금도 그때 했던 말처럼 너일 텐데
내 꿈에는 혼자만 찾아오지 그랬어

오밤중에 이곳으로 한달음에 오느라고
지쳐있을 그대에게 질투심에 하는 말이
이럴 거면 내 꿈에 오지말지 그랬어

연연

여느 연인들과 다를 것 없이
지나보면 생각도 나지 않는 문제들로
너와 크게 싸우다 지치면
문득 나는 생각한다

왜
내가 이러면서까지 이 친구와 연애를 하고 있을까

여느 연인들과 다를 것 없이
나는 너를 집 앞까지 바래다주고
너는 현관문 안으로 들어갈 때까지 손을 흔들다
두 팔을 들어 하트를 그리고서 사라지면
네 집 앞 내리막길을 걸어가는 길 위에서
문득 나는 답을 찾는다

그래
내가 이런 맛에 너랑 연애를 하는 거지

다리

가만히 있을 뿐인
너는 말이 없다

멈추지 않고 걸어가는
나도 말이 없다

아픔이 있으면
홀로 어루만지는 데 익숙한 나머지
말을 건네는 게 익숙지 않았더랬지

남해바다의 깐죽거림에도
미동 한 번 없었던 너와

주변의 걱정 섞인 간섭에도
묵묵히 걸음을 옮겨온 나

겨울이 오기 전에
몸이고 마음이고
다 얼어붙기 전에
너도 무어라

한마디 해봤으면,

내가
다리로 다리를 건너다
다시는 돌아오지 않기로
결심이 서기 전에

언젠가 내가
인생으로 머릿속을 지나다
행여나 혹에 걸려 넘어져
누군가의 부르심을 받기 전에

우리가 서로의 심정을
이야기 나눌 수 있는
건널목 하나 놓인다면!

그날 나는
잠시 그곳에 서서
생각하는 중이었다

너와 나의
침묵에 대하여

우리가 각기 쌓아올린

인내에 대하여

존재감 없이
함께 묵언수행 중이던 하늘 위로
울 어머니 얼굴
아른거리기 전까지

글쟁이의 절규

아무리 해도 풀리지 않는
슬픔 앞에 다다랐다

나는 마지막 희망을 부여잡는 심정으로
글을 쓰려 펜을 잡았다

육신의 병은 간호사가
마음의 병은 글쟁이가 치유한다

나는 슬픔을 토하는 고통을
치유해줄 언어를 생각중이다

헌데 아무리 생각해도
그런 문장을 찾지 못하고 있다

나는 다시금
풀리지 않는 슬픔 앞에 절규했다

내게 아내가 생긴다면
그녀의 쉰 살 생일날에는

태생부터 지금까지 가난 속에서만 자라와
스스로가 가난한지도 몰랐던 나는
널 만난 뒤로도 가난이 무엇인지 모르고 살았다
다만 사랑과 외로움을 구별할 줄 몰랐던
무지함에서 구제될 수는 있었지

당시 나는 글을 쓰거나 노래를 하는 것이
남자가 할 수 있는 제일 근사한 일이라 여겼는데
어설픈 글쟁이 행세를 하며 이상한 글들이나 써서는
그걸 시라고 선물하면서 혼자 의기양양해하던 기억이 난다

네가 나 같이 보잘 것 없는 사람을 알게 된 것은
아마 나에 대해 잘못 생각하고 있었기 때문이 아닐까
방황 속에서 옹이같이 들러붙은 개똥철학을 진리라 믿으며
수행자 흉내를 내는 한량으로 살지도 모를 인생에 네가 찾아왔다

사람들이 생활인으로 복귀한 이유를 묻지 않기를 바랐다
처음부터 부자가 되기 위함이 아니었으니까

당신이 나를 만난 것이 얼마나 후회스러울까를 생각해본다
내가 말없이 네 이마를 쓰다듬던 그날이었지

지나온 모든 시간을 돌아다보고 들여다보니
내게 아내가 생긴다면 그녀의 쉰 살 생일날에는
아마 사랑한다는 말 한마디를 못 꺼내서
이 같은 고해성사를 주절거리고 있을지도 모르겠다

냇물의 노래

시골길 실개천으로 흘러흘러
혼자 놀게 된다 한들 어떠하냐

대도시네 바닷가로 흘렀더라면
공장폐수와 몸을 섞었을지도 모를 일을

큰물이 아니면 좀 어떠하리
깨끗한 물이면 되었지 아니한가

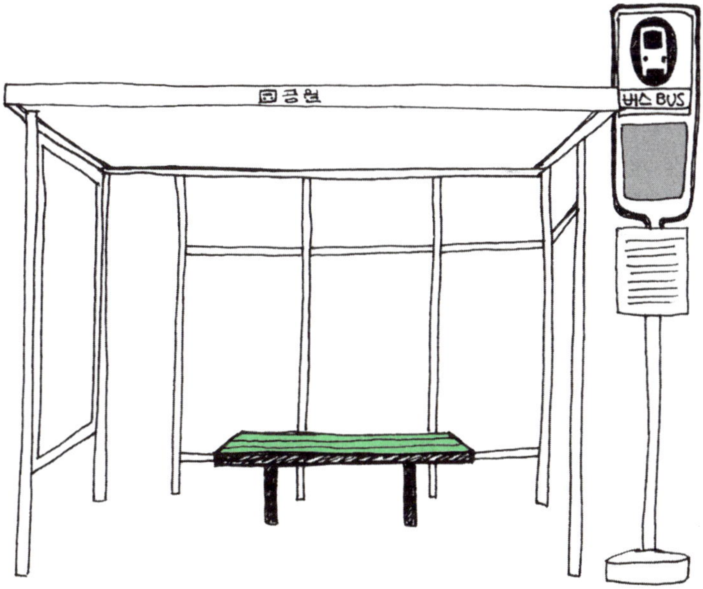
공원
버스 BUS

아들의 후회

어머니, 나는 그때 왜 몰랐을까요
우리 형제가 매일 늦잠 때문에
아침도 굶고 학교를 간다며
삶은 고구마라도 손에 쥐어 보내려
고구마 한 상자 사서 들어오셨을 때
그 고구마가 실속 없는 물고구마임을 보고
밤고구마를 살 돈도 모자랐던 우리 사정을
나는 그때 왜 몰랐단 말인가요

어머니, 나는 그때 왜 몰랐을까요
흰 우유에 인삼뿌리 갈아서 주신 인삼우유
쓰다고 뱉었던 어릴 적 나인데
지금 와서 갑자기 먹고 싶어 졸랐더니
택시 몰던 일마치고 돌아오신
당신 손에 든 인삼 두 뿌리에서
회사 사납금도 내지 않고 사왔던 그 사정을
나는 왜 그때 몰랐단 말인가요

어머니, 나는 그때 왜 몰랐을까요
전기도 없고 기름도 없어 고생하며 살았던

벌리동의 추운 그 집에서 하루들이 먹었던 라면이
어느 날에는 보는 것조차 지겨웠더랬지요
빚쟁이들에게 머리카락과 멱살을 잡히기 일쑤였으면서
우리에겐 애써 그 모습 꼭꼭 숨기며
눈물로 라면에 간을 쳤던 당신 사정을
나는 왜 그때 몰랐단 말인가요

어머니, 나는 왜 이제야 알았을까요
조금 더 빨리 알았더라면 어땠을까요
당신이 흘렸던 그동안의 눈물들을
꼭 이렇게 한발 늦게 알아야 할까요

뇌종양 투병기

매일 아침 죽을 준비를 하듯 살았는데
매일 밤 죽을 준비는 완성되지 않았다

언제 죽어도 아쉬워질 것 없어야 하는데
지금 죽으면 아쉬워질 친구들만 더 생겼다

죽어야 한다는 뜻으로 주신 병인 줄 알았는데
제대로 살아야 한다는 뜻으로 주신 십자가였다

제4악장

슬픔

#. Episode 4

사람은 내 말을 하는 것이 아니라
네 말을 듣고 네 표정을 받아들여주는 것

네게 믿음을 강요하는 것이 아니라
네게 믿음을 주는 것과 내가 너를 믿는 것

네게 말을 주절거리는 것이 아니라
네게 시를 읊어주는 것

내 마음 속에 든 것을 꺼내 보여주면서도
네 마음 속에 든 것을 꺼내 보아주는 것

영원이 없다는 사실을 알면서도
영원이 없다는 사실을 잊어버리는 것

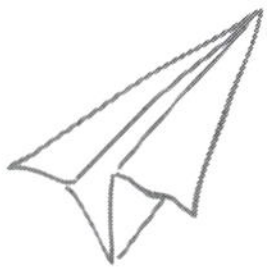

그 시기

화장실 멀찌감치
떨어져 있는 단칸방 생활,
납세의 의무를 지킬만한
돈 한 푼이 없어
전기와 기름이 끊긴 집에서
찬물로 샤워를 하고
찬밥으로 끼니를 해결하며
힘겹게 날려 보낸 그 시기는
홀어미의 사랑만은 따뜻했으나
체온보다 심온이 더 추운 나머지
뼈까지 닿았던 한 해의 겨울

전셋집 찾아 월셋집 찾아
전전긍긍하며 이사를 다닌
그때의 우리가족 모습은
그야말로 현대판 유목민 신세
결국에는 거리로 나 앉아
주변의 눈칫밥을 끼니삼아
삼시 세끼 해결했던 그 시기는
꽃이 필 수 있는지도

꽃이 펴도 괜찮은지도
함부로 장담할 수 없었던
잡초 신세의 어린 시절

꿈에 대하여
이야기할 때마다
수많은 멸시와 무시
비웃음과 조롱과 조소를
집중포화로 받았지만
가족들에게 조차도
이해 받지 못했던 그 시기는
양치기 소년 취급 받은
한 청소년의 가슴 속 꿈을
한 사람의 믿음만으로
가까스로 지켜낼 수 있었지

성적유지가 필요 없는
뒤에서 전교 일등
겸손하게 현수막은 사양하고
오랜 시간 게임만을 사랑했다
나는 감당이 되었으나
주변이 감당하지 못했던
독보적인 나의 선두행진
늘 말없는 학생이었으나

또한 조용히 지나간 적은
한 번도 없었던 그 시기는
어찌됐든 내 어린 시절

서러운 우여곡절,
이 시에도 담지 못할
더 아팠던 일들도 가지가지
이승과 저승을 넘나든 건지
정신의 경계를 넘나든 건지 모를
죽도록 싫었던 그 시기를
이리저리 아등바등
죽지 않고 지나보면 알 수 있다
언젠가는 살아 있길 잘했다며
싱긋 미소 지어 보이는 날도
반드시 찾아오더라고

비 맞고 서있는 날

비 맞고 서있는 날
입은 옷과 내 몸이
남김없이 젖더라도
마음까지 젖지는 말자

비 맞고 서있는 날
눈물이 함께 내리더라도
어떤 누구와 어느 것에도
저주를 퍼붓지는 말자

햇살을 받았던 날과
우리가 웃었던 날은
눈물보다 많았음을
잊어서는 안 된다

비 맞고 서있는 날
입은 옷과 내 몸이
남김없이 젖더라도
마음까지 젖지는 말자

어제 오늘 범한 실례

어제 지인의 병문안을 가서는
병실을 잘못 찾아들었고
새로운 인연은 예기치 못한 그곳에서 만나
깜짝 놀라 어벙하게 인사를 건네었고
직장에서는 새로 입사한 직원을
강도 높은 태도로 대해야만 했고
인간관계를 넓히기보다는 적절히 둘 필요가 있어
여전히도 나날이도 타인들의 전화를 받지 않았고
이곳을 떠나려 고민할 때마다 떠올랐던 이는
이번에도 어김없이 머릿속에 떠올라버렸고
연락하지 말자고 결심했던 그 사람에게는
결국 그 밤에 전화를 걸고 말았다

오늘 밤 마신 술에는
몸이 반쯤 잠겨버렸고
함께 술을 마신 내 친구는
갑작스럽게 불려나온 것이고
술에 취해 얼굴이 벌겋게 달아오른 나는
어머니께 등을 보인 채 인사를 드려야 했고
한두 가지 삽질한 게 아니라는 생각에

머리를 쥐고 책상에서 몇 십 분간 고뇌했고
정말 어찌할지 답이 떠오르지 않아
취한 채로 주님께 노크하고 말았고
어제 오늘 잘한 짓은 아무것도 없으면서
눈물은 한심하리만치도 흘리고 있다

돌멩이

뜨거운 여름날엔 함께 뜨거워질 줄 알고
차가운 겨울날 역시 함께 차가워질 줄 알며
그렇게 자연에 공감할 줄 아는 위대한 너님 돌멩이여

하지만 나의 고통에는 아무런 반응이 없고
너에게 내 상처 따위쯤은 아무것도 아니므로
나의 아픔은 납득하지 못하는 야속한 너님 돌멩이여

그러나 너의 인내심을 보고 내가 공감해 버렸고
사는 동안 삶의 풍파를 어떻게 견뎌왔느냐고 물었다.
하지만 아무런 대답도 없는 건방진 너님 돌멩이여

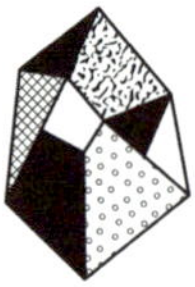

꿈

타인의
의심이 질긴가

당신의
의지가 질긴가

한마음 생활관

수업을 마치면
항상 한마음 생활관으로 달려가
내 방이 있는 팔층 앞에서
그대가 사는 삼층을 내려다보았어요

혹시나 전화를 받기 위해
잠시 방문 앞으로 나온 그대와
또 한 번 눈이 마주치는 횡재가 생기지는 않을까
그러다 내게 웃으며 인사를 건네주지는 않을까

용기도 없었으면서
근거 없는 상상들이나 품곤 했지요

비라도 추적추적 내리는 날에는
어디로 나갈 일도 없으니
그대가 더 많이 생각났고
그만큼 더 많이 기다려졌어요

애석하게도 나의 기대는
한 번도 현실이 되지 않았지만요

아마 그대는
매일같이 다른 여자들만 다니는 그 3층 복도에
실망만 안고서 그대에게 들리지도 않을
잘 자라는 말만 건넨 채 방으로 돌아갔던 나를
꿈에서조차도 몰랐을 테지요

* 한마음 생활관: 저자의 모교 한국국제대학교의 재학생 기숙사를 말함.

감정이 메마른 이들을 보며

가슴에 불구덩이 대신
얼음덩이를 집어넣은 사람들

별과 달을 보지 않으며
상투적인 것은 질색인 사람들

비루한 삶이라고 여기지는 말자
그들이 부러울 때도 있으니까

꽁꽁 얼어붙은 그 가슴 탓에
눈물을 흘릴 일도 없지 않은가

하나

단 하나의
소망이 있다

단 하나의
사랑을 다오

단 하나의
믿음을 갖도록

이십대 후반의 연애

이만한 나이면
많지도 않고
적지도 않은
연애경험을 가졌다

사람 이 정도 만나봤으면
다른 누구를 만나더라도
"처음 느껴보는 감정이야!"
라고 말할 일은 이제
없을 것이라고 생각했다

너를 만난 나이가
곧 서른이 되어갈 때였지
이십대가 저물기 전에
깨달을 수 있어 다행이다

우리는 언제나
과거와는 다른 사람과
사랑을 시작하기에
항상 처음 겪는 사랑을
겪고 산다는 것을

어머니

일 년이면 다 익는 고속성장에서도
익을수록 고개 숙일 줄 아는
벼에게서
겸손을 배웠습니다

정처 없이 바람 따라 허공을 떠돌다
한줌 흙에 뿌리내려 꽃피우는
민들레에게서
감사를 배웠습니다

물속에서도 육지에서도
심지어 뜨거운 불에서도 불멸하는
돌멩이에게서
적응을 배웠습니다

사라지게 될지 모름을 알면서도
이치의 거역 없이 세상의 변화를 지지하는
자연에게서
용기를 배웠습니다

나는 모든 것을 이런 식으로 배웠어요
삶의 고통을 견디어 온 흔적들로 가득한
당신의 인생에서
시를 배웠던 것처럼

청춘백서

나중에 뭘 할지
미래가 캄캄한 사람보다는

나중에 뭘 할지
미래가 빤히 보이는 사람보다는

나중에 뭘 할지
미래가 기대되는 사람으로

살 것

수수께끼

그 누가
가르쳐주지 않아도
느낄 수 있지만

어느 누가
가르쳐주어도
표현하기 어려운 것은?

버릴 수 없는 것

너와 함께 손잡고 거닐던 이 길에
나 혼자 서서 멍하니 미소 짓고 있다
이제는 너와 걷지 못할 이 길에서
꿈만 같았던 그때를 떠올린다

헤어진 널 떠올리는 게 너무 괴로워
널 추억할만한 모든 물건을 버렸지만
버리거나 어떡할 수 없는 이 길에서
원치 않게도 너와의 일들을 추억한다

버리지 못했던 게 하나 더 있었다
내 지갑 속에 들어있는 빛바랜 네 사진
나 때문에 눈물만 흘리고 떠난 네가
언제나 내게 미소를 건네고 있었거든

실연에 대처하는 우리의 자세

사랑했던 사람과 멀어질 때는
같은 높이에서 뒷걸음질 치지 마라

다가오고 싶은 호기심을
불러올 수 없으니까

오는 것도 가는 것도
상대방 마음대로 가능하게 하지 마라

사랑하던 사람과 멀어질 때는
높게 높게 올라가면서 멀어져라

다시 와보고 싶은 호기심을
불러올 수 있도록

허나 끌어올려 주지 않는 이상
마음대로 넘보지는 못하게

복잡한 관계

해바라기야
해만 바라보는 사랑을
더 이상은 하지 마라

달아
해바라기가 모른 척 하더라도
섭섭하다 생각지 마라

달맞이꽃아
너를 특별히 여겨주지 않는 달을
절대로 맞아주지 마라

별들아
한 사랑이라도 제대로 할 수 있도록
이제는 태양과 달 중에 선택해야 한다

어머니 꿈을 꾸고 나서

내 재롱에 활짝 웃으시는 모습이 보입니다
몇 년 뒤에 태어난 동생과 함께 장난치는 내 모습을 좋아하셨어요
뛰놀고 있던 우리 형제에게 밥 먹으라며 부르시는 모습이 보입니다
밤에는 예전에 같이 살던 아버지에게 구박받고 있는 광경을 보았습니다
그 바람에 잠에서 깨어버린 나는 싸우지 말라며 울고 있습니다
할 수 없이 당신은 오랜 시간을 홀로 두 형제를 키우게 되었지요

당신의 인감도장을 훔쳐 달아나는 회사동료 정자아주머니가 보입니다
어린 나는 그 사람이 무얼 하려고 그걸 갖고 나갔는지 잘 몰랐어요
당신은 곧 사업에 망했고, 하루들이 빚쟁이의 독촉에 시달리고 있어요
그 와중에도 못 산다고 좋은 거 먹지 말란 법 없다며 우리를 먹이셨어요
우리 형제는 아침밥을 챙겨 먹었지만 당신은 일찍 회사에 나가셨지요
이윽고 전기세를 내지 못해 전기를 끊으러 온 기사아저씨가 보입니다

일어나보니 또 아침이었는데 헉, 유서를 쓰고 있는 모습이 보입니다
놀란 나와 동생은 벌떡 일어나 지금 뭐하는 거냐며 소리쳤지만 당신은 우리 형제더러 나가라며 소리를 지릅니다. 너무 무서웠어요
우리가 동네 아주머니를 데리고 온 사이 당신은 이미 약을 드시고 누워있었지요
서둘러 모신 병원에서 겨우 눈을 뜨니 너무 힘들었다며 눈물을 보입니다
그래요 여인의 몸으로 혼자 두 형제 키우면서 얼마나 힘드셨겠어요

그런데 아직 어린 나는 여전히 철이 덜 들었었는가 봅니다
당신의 재혼을 반대하고 당신과 동생을 가출시켰던 모습이 보입니다
어느 날은 자다가 간질발작으로 당신의 손가락을 깨물어 베었네요
제정신으로 발작을 일으킨 것은 아니어서 기억이 나지는 않아요
훗날 손가락이 붙긴 했지만 나는 아직도 그 손가락을 차마 보지 못해요
잠에서 깨어보니 모든 것이 다 지난 시간의 꿈이었네요 다행입니다

옆방으로 건너가서 새아버지와 곤히 주무시고 계신 모습을

보았습니다
나는 다시 내 방으로 돌아와서는 지난 시간을 뱉어내듯 한숨을 내쉬었어요
하지만 맥이 풀린 나머지 그대로 주저앉아 펑펑 눈물을 흘렸습니다

어머니 꿈을 꾸고 나서

그대로 주저앉아
평평 눈물을 흘렸다

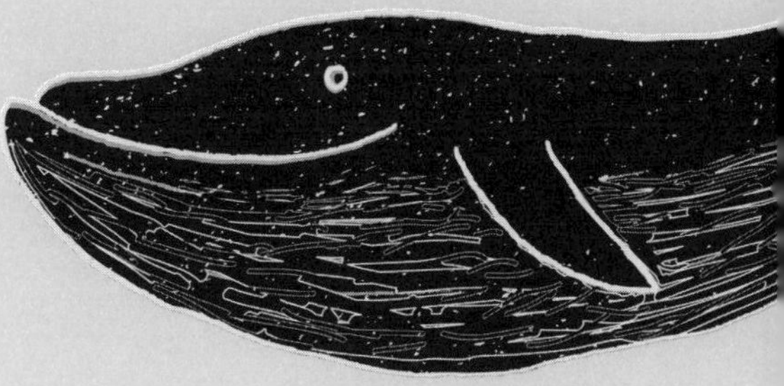

겸손

지난 영광을
잊어라

지나버린
슬픔처럼

위대한 소망

시인이 되는 것과
배우자를 만나는 것과
국민평균수명까지만 사는 것과
고향에서 노년을 보내는 것과
주님만 믿고 사는 것이

내 평생의 기도입니다

사진첩

누구도 미련이라 말하지 못할걸
나도 모르게 그리워지는 지난날을
이십 년 훨씬도 넘었을 어릴 적 사진첩에
흩어진 내 추억을 추스르고 싶은 날

어느 사진에도 지금 같은 슬픈 눈이 없다
지금은 없는 오백 원짜리 과자 한 봉지와
사랑하는 우리 엄마 손 꼭 잡은 사진에는
더 원하는 것이 없다는 표정을 짓고 섰다

어른이 되게 해달라던 어릴 적 기도는
돌아보면 얼마나 위험한 소망이었던가
난 언제부터였나, 시간을 되돌려달라며
주님께 고집만 피우는 자녀로 자라있다

사진첩을 닫고 멍하니 앉아있는데
먹구름 낀 하늘 아래로 비가 내렸다
되돌아가지 못하는 그리움을
누구도 미련이라 말하지 못할걸

여행자의 연애편지

떠돌이 방랑자를
사랑하기로 해버린
대책 없는 여인이여

그대에게 단 하나
유일한 대책이
내가 되기를 바란다오

서른 마흔 다섯

엄청나게 쏟아지던 빗줄기의 개수
비 내린 뒤 밤하늘에 뜬 별의 개수
남일대(南逸臺) 앞바다의 모래알 개수

어제 하루 바닷가에 파도가 친 횟수
수억만 년 동안 달이 지고 태양이 뜬 횟수
한 해 세상 사람들이 미소 지었던 횟수와
한 해 세상 사람들이 눈물 흘렸던 횟수

청춘의 시련을 견디는 시간 수
그리움에 몸서리치며 과거를 추억하는 시간 수
태어나서 지금까지 존재해 온 시간 수
내 인생 언젠가에 찾아올 봄날의 지속시간 수
또 앞으로 내가 그대와 함께 사랑할 시간 수

아침 해

아침 해가 사랑스러운 것은
아침저녁 다 떠있기 때문이 아니다

같은 해도 밤을 보내고
매일 아침 새로이 떠오르기 때문이다

사랑도 온종일 쭉 하는 것이 아니다
우리는 다양한 사랑을 경험해야 한다

한 사람을 사랑해도 계속됨이 아니라
하루들이 새롭게 사랑해주는 것이다

소망 하나

떨렸으면
좋겠다

나만 말고
너랑 같이

Book

발문

문학에서 구원을 받아 아름다운 운명을 살기 바랍니다

공광규(시인)

에세이 '청춘의 자화상'을 쓴 황진혁은 한 번도 만나본 적이 없는 페이스북 친구입니다. 어찌어찌해서 시집을 내겠으니 발문을 페이스북으로 부탁해 왔습니다. 나는 젊은 사람 글을 읽어볼 필요도 있겠다 싶어 짧은 글로 쉽게 수락을 하였지만, 이런저런 번잡스런 일로 바쁘다가 이제야 발문을 써볼까 하고 보내온 메일을 뒤늦게 읽었습니다.

그러다가 남다른 그의 이력을 보고 많이 미안해졌습니다. 시인은 한쪽 눈을 실명하고 뇌종양으로 투병을 하였으며, 10여 년간 기초생활수급자라는 어려운 형편으로 홀어머니와 살아오면서 충분한 치료를 받기도 버거웠던 적이 있었습니다. 이런 와중에 글을 써봤고, 글이 시 형식으로 엮이는 신기한 경험을 하였다고 합니다. 이것이 발전하여 오늘날 시에 애착을 가지고 시를 쓰게 되었다고 합니다.

아무튼 어려운 시절에 시인은 자신의 병을 잊을 수 있게 해달라는 기도를 항상 올렸고, 그때 글을 만나게 되었으며, 다행히 지금은 한쪽 눈을 수술하고 어머니도 재혼을 하여 나름대로 행복한 가정이 되어가고 있다고 하였습니다. 그리고 뇌종양이 완치되지는 않았지만 10년째 크기가 자라지 않고 있다고 합니다.

이런 고통 속에서 시를 만난 시인의 시는 어떤 모습을 하고 있을까 궁금하였습니다. 시인은 <뇌종양 투병기> 에서 자신의 투병 경험과 감정을 곡진히 시로 형상하고 있습니다. 시인은 "매일 아침 죽을 준비를 하듯 살았는데/ 매일 밤 죽을 준비는 완성되지 않았다"고 합니다. "언제 죽어도 아쉬워질 것 없어야 하는데/ 지금 죽으면 아쉬워질 친구들만 더 생겼"기 때문이라고 합니다. 결국은 하나님이 "죽어야 한다는 뜻으로 주신 병인 줄 알았는데/ 제대로 살아야 한다는 뜻으로 주신 십자가였다"고 고백합니다.

시인은 투병생활을 하는 과정에서도 아래 시 <병상일기> 에서처럼 시를 쓰고 싶다는 기원을 하였습니다.

시를 쓰고 싶다
허나, 영감이 없다면
시를 쓸 수가 없지

시를 쓰고 싶다
허나, 경험이 없다면
시를 쓸 수가 없지

시를 쓰고 싶다
허나, 손을 못 쓰면
시를 쓸 수가 없지

시를 쓰고 싶다
허나, 죽게 되면
시를 쓸 수가 없지

아직 난
글을 쓰고 싶은데

하여튼 병상에서 시를 쓰고 싶은데, 죽게 되면 시를 쓸 수가 없으므로 살아야겠다는 자신의 의지를 시로 피력하고 있습니다. 당연히 시보다는 사는 게 먼저입니다. 보편적 삶이라면 시보다는 생활이 먼저입니다. 그러니 시를 쓰기 위해 살아야 한다는 것은 역설입니다. <내가 시를 쓰는 이유>에서 시를 쓰고 싶어하는 시인의 마음이 잘 드러납니다.

한 번뿐인 인생을 살면서
삐까뻔쩍한 사람이 아니라

멋있는 사람으로 살고 싶었다

관심과 화살이
구분 없이 들어찬 공간에서도
시 한편 읊조릴 수 있는
여유를 가진 사람이
그 같은 사람이라고
나는 생각했다

그대가
기쁜 날이든지 슬픈 날이든지
그 어떤 모습도
안아줄 수 있는 사람이
그 같은 사람이라고
나는 생각했다

이렇게 시인은 "삐까뻔쩍한" 삶을 사는 외형 중심의 사람이 아니라 내면이 "멋있는 사람"으로 살고 싶었다는 것입니다. 시인이 원하는 멋있는 사람은 시 한 편쯤은 읊조릴 수 있는 사람이고, 기쁘든 슬프든 어떤 모습도 안아줄 수 있는 사람입니다.

그런데 시인의 기억 속에는 아래 시 제목과 같이 <들꽃을 꺾어오시던 아버지>가 있습니다.

침침한 날
창가 너머 피어난 들꽃,
모여 있는 그들을 보며
멍하니 서 있었습니다

그럴 때면 나의 아버지
초록빛 소주병을 가지고 나가서
거기 핀 코스모스 한 묶음 꺾어다
우울한 모습의 제 옆에 놓고 가셨지요

아버지, 세월이 지나도
여전히 가을은 찾아왔습니다
들꽃을 꺾어오시던 울 아버지
지금은 어찌 지내십니까

잘 계시겠지요?

아마 시에서만 보면 시인은 아버지와 같이 살고 있지는 않은 것으로 추정됩니다. 그리고 우울했던 시인의 과거도 시에서 엿볼 수 있습니다. 결국은 이런 아버지가 지금은 어디에 있는지 모르고 있다고 합니다. 다만, 어디에 있든 "잘 계시겠지요?"라는 긍정과 기원을 할 뿐입니다.

이런 사연을 가지고 있는 시인은 〈연시〉를 통해, 많은 시인들이 그렇듯 자신의 시가 연애감정에서 시작되었음을 밝히고 있습니다.

네가 오기 전에는
한낱 낙서였으나

네가 여기 와서는
아름다운 시가 되었다

네가 오기 전에 나는
한낱 시인행세를 하며
빌빌거리는 놈팡이에 불과했으나

네가 여기 와서 나는
스스로 시인이라 칭하지 않아도
사람들에게 시인으로 불렸다

나는 네가 읊어주는 대로
시를 받아 적어온 거다

연인인 상대가 존재로 들어오면서 낙서에 불과했던 것이 아름다운 시가 되었다는 것입니다. 연인이 시인에게 존재로 다가오자 시인의 행세를 하며 빌빌대는 놈팡이에 불과했던 이전과는 달리 당당한 시인으로 불렸다는 것입니다. 실제로 시는 받아 적는 것입니다. 대상이 불러주는 대로.

시인은 <예술가의 짝사랑>에서 "나는/ 감정전달을 제대로 못하는 예술가다// 내가 그녀에게/ 진심을 이야기하면// 그녀는/ 진심이 아닌/ 부담을 느꼈던 것을 보면// 그녀는/ 나에 비하면 훨씬 나은 예술가다"라고 합니다. 왜냐하면 "그녀가 내게서/ 부담을 느끼면// 그녀는/ 자신이 느끼는 부담 그대로/ 내게 전달했던 것을 보면"이라고 합니다. 시인은 아래 시 <잡초의 눈물>에서 자신을 비하하기도 합니다.

나는 하찮은 잡초이기에 슬픕니다
전생을 기억하는 잡초이기에 더욱 슬픕니다
그 전생도 지금 같은 잡초였기에 더더욱 슬픕니다

칼에 갈기갈기 잘려 죽어 다시 태어나면
사랑받기는커녕 동정도 받지 못하고 또 짓밟히지만
되살아나는 나도 감정과 표정을 갖고 있지요

헌데 되살아나서 겨우 웃음 지을 날이라도 생기면
사람들은 그조차도 못마땅한가 봅니다
오늘은 뿌리째 뽑혀 불에 타 흔적도 없이 사라질 테니까요

자신을 하찮은 잡초라고 비하하는, 전생조차도 잡초이기에 슬프다고 합니다. 그러나 이는 시적 수사에 불과할 뿐입니다. 잡초는 뿌리가 죽지 않아 다음 봄에 다시 풀잎을 밀어 올립니다. 시인에게는 시 <위대한 소망>이 있습니다. 시에서 "시인이 되는

것과/ 배우자를 만나는 것과/ 국민평균수명까지만 사는 것과/ 고향에서 노년을 보내는 것과/ 주님만 믿고 사는 것이/ 내 평생의 기도"라고 합니다.

시집에 시들을 보면 황진혁은 이미 몇 개의 소망을 이룬 것 같습니다. 시인이 되는 것과 아직 노년은 아니지만 고향에서 인생을 보내는 것과 주님만 믿고 사는 것입니다. 앞으로 시를 많이 읽고 쓴다면 나머지 소망인 배우자를 만나고, 국민평균수명까지 사는 아름다운 운명을 누릴 수 있을 것입니다.

문학은 구원이기 때문입니다. 부디 문학에서 구원을 얻어 아름다운 운명을 사시기를 바랍니다.

에필로그

사랑에 대한 연설(演說)

시집의 제목을 '연설'로 짓게 된 재미있는 에피소드가 하나 있다. 대학생 시절, 학생회 생활을 오래하면서 학과를 막론하고 교내의 많은 교수님들을 가까이할 수 있었는데 한번은 신문방송국의 사회부장을 맡고 있을 당시 지도교수이셨던 교수님께 오래전부터 시집을 내는 것이 소망이었다며 자작시 몇 편을 보여드린 적이 있었다. 그때 시를 본 교수님께서는 이렇게 평하셨다.

"이게 무슨 시냐? 연설문이지!"

글을 쓰시는 분께 시를 보여드렸으니 칭찬받을 생각은 당연히 없었지만 내 시의 평은 그 한마디로 정리되었다. 이후 나는 더욱 떠돌아다녔다. 세상을 더 넓게, 사람을 더 많이, 글을 더 깊게 알기 위해 이전보다 더 열심히 여행을 다녔고 더 다양하게 삶을 사유했다. 또한 동시에 여러 시 이론서들을 읽으며 내 시들을 놓고서 다시 공부를 시작했고 이제는 이렇게 그때의 바람대로 정말 시집을 엮을 수 있게 되었다. 시집의 테마를 '사랑'으로 정하고 출간을 준비하는데 문득 그때의 교수님 평이 떠올라 싱긋 미소 지을 수 있었다. 나는 '사랑 연'(戀)자에 '이야기 설'(說)자를 붙여 '연설'이라는 제목을 붙였다. 얼핏 묵직해 보이는 이 시집의 제목은 생각보다 보드라운 의미를 담고 탄생한 것이다.

잘 알겠지만 우리가 흔히 말하는 '연설'에 담겨있는 본뜻은 '여러 사람 앞에서 자기의 주의나 주장 또는 의견을 진술하는 것'(NAVER 국어사전)이다. 어쩌면 내 주변 친구들 중에는 시집의 제목을 보고서 학생회나 음악 및 강연활동 등으로 대중 앞에설 기회가 많았던 나를 떠올리며 '역시 뭔가 황진혁다운 제목'이라는 생각을 했을지 모르겠다. 뜬금없이 그들의 안부가 궁금해진다.

사랑을 이야기하는 자리니까 감사함을 표현하는 것도 사랑을 표현하는 한 방법이겠지. 그렇게 생각하며 이 글을 빌어 특별히 고마운 분들께 감사를 전하려 한다.

우선 이 책이 세상의 빛을 볼 수 있게 해주신 출판사 식구분들께 감사드린다. 투고된 원고가 세상에 나온다는 것은 생각보다 쉽지 않은 일이다. 더군다나 시집은 인기가 없다며 출판사에서 꺼리는 장르 중 하나다. 그럼에도 불구하고 '나의 이야기'를 믿고 출간을 진행해주신 분들께 벅찬 기쁨을 담아 고마움을 표현하고 싶다.

다친 눈을 수술하기로 했을 때 무사히 마치길 바라며 응원해 주신 분들이 많이 계신다. 고향 친구들은 물론이고 멀리 사는 친구들과 SNS 친구들까지. 하루도 빠짐없이 성경구절과 목사님 설교가 적힌 메시지를 보내준 친구도 있었고, 나를 걱정해주는 내용의 쪽지들도 수백 통이 날아들었다. SNS에서 별로 교류도 없었던 '유령친구'였다가 이번 일을 계기로 친해진 분들도 많았다. 일일이 이름을 거명할 수는 없겠지만 그들에게도 감사를 표하고 싶다. '좋은 책'으로 보답하겠다고 약속했는데 이렇게 신간을 내긴 했지만 생각해본다. 감히 '좋은'이라는 말을 스스로도 붙일 만한가. 아무리 생각해봐도 역시 부끄럽기 짝이 없다. 그래도 나름대로 심혈을 기울여 썼으니 이 책의 출간소식을 듣는 분들께선 약속을 지킨 셈 쳐주시기를. 그래준다면 그 또한 감사할 일이다.

현재는 당시 내게 장난으로 돌을 던져 눈을 다치게 한 중학교 단짝이었던 그 친구와는 다시 그때와 같은 우애를 나눌 수 없다. 스스로의 죄책감 탓인지는 몰라도 그는 함께 놀던 우리에게로 돌아오지 못했다. 혹시 그 친구가 이 책을 읽는다면 말해주고 싶다. 나에게 참 어려운 시간들이었지만 이제는 너를 용서할 수 있다고. 너도 괴로웠을 텐데 어서 그때의 죄책감을 덜어낼 수 있기를 바란다고. 너를 위해 기도하겠다고 말이다.

아프고 힘들 때마다 항상 나의 건강을 위해 기도해주셨던 삼한교회 하태경 목사님 내외분과 어린 시절 주일학교 담임선생님이셨던 집사님들, 그리고 형제자매님들을 비롯한 모든 성도분들께도 감사인사를 드려야 마땅하다. 형편이 어려웠던 어릴 적부터 많은 도움을 받았던 교회이다. 나는 이곳에서 예배드리는 내 어머니로부터 기도하는 법을 처음 배웠고, 사랑에 대해 느끼고 배우며 공부할 수 있었다.

언제부턴가 부모님께 '사랑한다'는 말이 1년에 두어 번 가량으로 줄어들었다. 당신들의 생신에 한 번, 어버이날에 한 번. 많은 경상도 남자들이 그렇다는데 사실 경상도 남자인 나도 평소 표현에 인색한 편이다. 그래서 책을 쓰게 되었을 정도니까. 사춘기 탓인 걸까? 혹시 사랑이 너무 깊은 나머지 말이 그 속에서 헤어 나오지 못하는 것은 아니겠지? 그런 말도 안 되는 구차한 자기합리화를 해보기도 했지만 이내 그 분들을 떠올리면서 역시 아직도 사랑을 다 알려면 한참 멀은 내 모습을 새삼 상기한다. 자식들이 주는 애정이 부모님 건강에도 좋다고 하니만큼 요즘은 어떤 방식으로든 표현하기 위해 노력하고 있다. 사랑하는 마음이 드는 데는 노력이 필요 없지만 그 마음을 표현하고 서로를 지켜주는 데는 많은 노력이 필요하다는 것을 실감한다. 내가 사랑하는 모든 이들에게 그런 노력을 기울이며 살겠다.

주고받은 사랑, 주기만 했던 사랑, 받기만 했던 사랑들이 많다. 이 책을 내기 불과 몇 달 전에는 사랑을 주고받았던 연인과 헤어져야 했다. 하지만 연인간의 사랑뿐만이 아니라 내 인생에서 겪은 모든 종류의 사랑을 두고 하는 말이다. 머릿속에서만 머물러 당사자들에게 한 발 늦게 표현했던, 또는 아예 표현조차 해보지도 못했던 고백들이 시 속에 다수 담겨있다. 지난 시간을 돌아보면서 시를 엮었으니 이 책을 빌어 한때 사랑했던 사람들에게 이야기한다. 내가 모자라서 그랬던 것이니 미안하다고. 허나 지나간 인연을 돌아보지는 않을 것임을. 다만 내 삶에서 한 페이지 함께해주어 고맙다는 말 덧붙여 전하며 잘 지내시기를 빈다.

마지막으로 책을 통해 인연을 맺게 된 독자 분들과 내 책의 홍보를 자기 일처럼 나서서 도와주시는 지인들께도 감사를 전한다. 많은 사람들의 사랑을 벅차게 느끼며 살아간다. 그런 기분을 느낄 수 있는 날이 자꾸자꾸 많아지기를 바라면서 글을 쓰는 일에 집착할 것이다. 앞으로도 좋은 작품으로 보답하겠다는, 또 한 번 장담하지 못할 약속을 하며 수줍게 인사드린다.

집필을 마치고 바라보는 창밖의 햇살이 이렇게 찬란했었나 싶다. 망가진 홍채 탓이겠지. 눈이 부시다.

"고백하고 싶으면
지금 고백하세요"

·
·
·

지금 말하지 못하면
시가 되고 말거든요.

황진혁 시집

연설 (戀說 : 사랑이야기)

인쇄·발행 2016년 6월 15일 제1판 제1쇄 인쇄
2016년 6월 22일 제1판 제1쇄 발행

지은이 황 진 혁

발행인 문 형 진

임프린트 연필의힘

발행처 세 진 사

(〒 02859) 서울특별시 성북구 보문로 38 세진빌딩
TEL. 02)922-6371~3, 923-3422 / FAX. 02)927-2462

등록. 1976. 9. 21 / 등록번호. 서울 제307-2009-22호
홈페이지 www.sejinbook.com

※ 연필의힘은 도서출판 세진사의 자회사입니다.

값 12,000원

ISBN 978-89-7121-411-4